*E o amor solucionará todos os problemas,
por mais intrincados se apresentem.*

Joanna de Ângelis

O mal não existe em si. Ele é a ausência do Bem.
Deus não criou o mal. Ele é obra do homem
quando infringe as leis de Deus.

Miguel de Jesus Sardano

SUMÁRIO

Liberta-te do mal | 07
Epístola ao menestrel de Deus | 13
Pelas trilhas de Jesus | 21
Tempo de renovação | 27
Tempo mental | 33
A ditadura juvenil | 39
Conhecimento e segurança | 45
Lideranças | 51
Reflexões sobre a calúnia | 57
Tranquilidade e amor | 65
Precauções | 71
Deus banalizado? | 77
Amor e vida | 83
Sacrifício por amor | 89
Ante os flagelos destruidores | 95
Com estoicismo | 103

estoicismo:
austeridade,
firmeza

109 | FIDELIDADE ATÉ O FIM
115 | CRENÇA NA IMORTALIDADE
121 | CRIANÇAS DE UMA NOVA ERA
127 | CAUSAS JUSTAS DAS AFLIÇÕES
133 | TERAPIA DO PERDÃO
139 | UTILIDADE DA REENCARNAÇÃO
145 | DESAFIOS EXISTENCIAIS
151 | ESFORÇO PARA A ILUMINAÇÃO
157 | PORTAL PARA O TRIUNFO
163 | FIDELIDADE E TESTEMUNHOS
169 | COMUNHÃO COM O MAIS ALÉM
175 | SILÊNCIO MORAL
181 | BENEFICÊNCIA E PROMOÇÃO HUMANA
187 | COERÊNCIA E AUSTERIDADE   austeridade: sobriedade
193 | REI SOLAR
198 | ÍNDICE ANALÍTICO

LIBERTA-TE DO MAL

"Vive-se uma atualidade muito complexa na sociedade terrestre.

De um lado, a riqueza cultural e intelectual, as conquistas valiosas da ciência e da tecnologia que modificaram totalmente a face do Planeta, ampliando os horizontes cósmicos e os tornando compreensíveis ao pensamento, enquanto que pandemias terríveis vêm sendo varridas do orbe lentamente.

A contribuição inestimável das vacinas, a relativa e lúcida facilidade de diagnóstico de muitas enfermidades, os produtos farmacêuticos de extraordinário valor, as medidas preventivas a muitos males, a vigência de hábitos alimentares saudáveis, de exercícios físicos e contato com a natureza, os notáveis recursos cirúrgicos, os de transplantes de órgãos e de próteses constituem bênçãos jamais sonhadas antes, tornando a existência humana mais amena e saudável.

pandemia: doença em ampla área geográfica

As ciências psicológicas facultam a compreensão dos conflitos humanos e dos transtornos que se ampliam com altos índices de depressão, de loucura, de desvios de comportamento...

Sob outro aspecto, porém, os valores ético-morais, imprescindíveis ao equilíbrio mente-corpo, demonstram que a evolução espiritual tem sido menos ampla do que aquela de natureza intelectual.

Simultaneamente, o espectro da fome, da miséria sob diferentes aspectos, a drogadição, a volúpia do prazer exacerbado, como se a função do corpo fosse direcionada apenas para o gozo, as fugas espetaculares para os vícios de toda ordem e a violência perversa dominam as criaturas que, aturdidas, não sabem qual rumo a seguir.

Valiosos estudiosos do comportamento e da economia apelam para o comedimento, para a liberdade responsável, enquanto outros, que se encontram alucinados, proclamam a necessidade da liberação do aborto, da eutanásia, da discriminação da maconha e de outras substâncias alucinógenas com excessiva liberdade para os seus usuários, sem a preocupação de educá-los preventivamente ou de tratá-los após o tombo nas suas armadilhas soezes.

Mulheres e homens infelizes proclamam a excelência do suicídio ante os insucessos, as doenças incuráveis, os problemas afligentes, as situações embaraçosas, exteriorizando os tormentos que os caracterizam e que desejam transformar em condutas normais...

Uma onda de desespero cresce no mundo ante expectativas dolorosas em relação às culturas religiosas do Oriente assim como as do Ocidente e vice-versa, ao mesmo tempo, em um período em que os **direitos humanos**

---

espectro: presença acentuada da fome

comedimento: ponderação

eutanásia: abreviação da vida de um paciente em estado terminal

soez: indigno

são proclamados e reconhecidos, o fanatismo de diversas condutas e o radicalismo ameaçam a paz entre os povos dominados pelas paixões primitivas disfarçadas de civilização...

Há, em toda parte, a busca desenfreada por algo que complete o ser, facultando-lhe as fugas terríveis para os esportes radicais, para as experiências aberrantes, para as condutas extravagantes, para a formação de tribos e de clãs agressivos que facilitam a vigência do ódio e da crueldade, em uma época em que os mesmos já deveriam ter sido substituídos pela compreensão, pela fraternidade, pela compaixão...

Infelizmente, não tem havido lugar na sociedade imediatista para o amor e a paz, para os ideais de enobrecimento e de solidariedade que não encontram espaço na grande mídia, conforme desfrutam a sexolatria, os crimes hediondos e as futilidades rotuladas de condutas ideais.

A família, desagregada, cede lugar a um grupamento de pessoas vinculadas pela consanguinidade e separadas pelos sentimentos de amizade e de dever, facultando os desvios para os sites e blogs da convivência virtual que facilitam o intercâmbio doentio e cruel, com psicopatas e atormentados, que se ocultam atrás da tela dos computadores, assim como de outros instrumentos de comunicação do mesmo gênero...

Em consequência, a deserção moral é volumosa e profundamente lamentável, permitindo todos os tipos de condutas desastradas com graves prejuízos para o indivíduo em si mesmo e para a sociedade em geral.

> deserção: abandono

Há abundância de conforto e de diversões para alguns e escassez absoluta de quase tudo para a maioria das criaturas terrestres.

São inevitáveis as interrogações: Que se fazer ante tantos paradoxos? Como se viver corretamente sem alienação? Existe alguma diretriz para o encontro com o equilíbrio e a harmonia interior?

A resposta é simples e talvez contundente: A diretriz e a conduta a se vivenciar podem ser enunciadas no conceito: evitar-se o mal ou dele libertar-se, caso já se lhe encontre instalado.

*

Pensando na grande problemática referida acima em alguns dos seus mais graves aspectos, elaboramos, ao longo dos últimos meses, estudos espíritas em torno de trinta temas, convidando os interessados à conquista da paz, da saúde e da alegria de viver, à luta pela própria felicidade.

Baseando-nos nas vigorosas lições de Jesus e nas sábias diretrizes do Espiritismo, procuramos atualizar os seus conteúdos em linguagem própria para estes dias, oferecendo sugestões oportunas e fáceis para a conquista da harmonia pessoal e para a cooperação com as demais pessoas.

Reconhecemos não trazerem estas páginas novidades muito do agrado de grande número de leitores, mas sabemos que um dos requisitos essenciais para a aprendizagem é a metodologia da repetição, a fim de que se fixem nos painéis da memória e nos delicados tecidos dos sentimentos as informações que se devem transformar em recurso para a sua vivência.

Tudo quanto anotamos já tem sido apresentado por estudiosos sérios e interessados nos comportamentos felizes, assim como por sociólogos e psicólogos, religiosos e cidadãos afeiçoados ao Bem.

O nosso trabalho encontra-se, porém, enraizado nos textos do Evangelho de Jesus e nas seguras orientações que os Espíritos trouxeram ao mundo desde o dia do surgimento de **O Livro dos Espíritos**, de Allan Kardec, a 18 de abril de 1857 e as obras que foram publicadas depois pelo insigne codificador.

insigne: notável

São o resultado da nossa própria experiência, assim como da experiência de milhões de indivíduos que optaram pelo Bem em luta incessante para a libertação do mal, que ainda vige no íntimo de todos os seres humanos, como herança doentia do processo grandioso da evolução antropológica e psicológica através das sucessivas reencarnações.

viger: valer

Com este modesto contributo, esperamos cooperar com as pessoas sinceras e afeiçoadas ao amor e à verdade, a fim de que não desanimem nunca no afã da edificação e da vivência do amor, conforme o Mestre de Nazaré nos ensinou, em todas e quaisquer situações em que se encontre.

...E o amor solucionará todos os problemas, por mais intrincados se apresentem.

intrincado: complicado

Salvador, (BA), 21 de setembro de 2011.

Joanna de Ângelis

Epístola ao Menestrel de Deus

Pai Francisco:

Abençoai-nos!

Evocando aquela tarde de 04 de outubro de 1226 (*), com céu transparente e azulado, há setecentos e oitenta e quatro anos, três meses e um dia, quando vos preparáveis para o retorno ao Grande Lar, murmurastes para os poucos irmãos que vos cuidavam: *Fiz o que me cabia*. E após suave pausa entrecortada pela respiração débil, concluístes: *Que Cristo vos ensine o que vos cabe*.

As Irmãs cotovias, algumas das quais vos ouviram cantar a *Palavra* um dia no passado, fizeram-se presentes com outras, alegres com a vossa libertação, voando em círculos sobre a choupana modesta em que vos encontráveis na amada *Porciúncula*.

Encerrava-se naquele momento uma parte da saga incomparável do vosso testemunho de amor ao Amigo crucificado, crucificado que também estáveis...

Toda uma epopeia de sacrifícios e abnegação ficaria inscrita nas páginas da História demonstrando quanto se pode fazer e viver sob a inspiração do amor de totalidade.

Quando, na igrejinha de São Damião, atendestes ao convite que Jesus vos fez, sequer tínheis ideia do que vos iria acontecer, mas assim mesmo seguistes adiante...

Naquele período o tédio vos dominava e os prazeres do mundo, filhos da fortuna assim como das honras da cavalaria que antes vos fascinavam, cederam lugar ao fastio, a um *vazio existencial,* em que a angústia se alojava, estiolando-vos os sentimentos.

Só depois compreendestes o que Ele desejava e, dando-vos conta do seu significado, renunciastes aos bens do mundo e aos vínculos com a família biológica, a fim de renascerdes das próprias cinzas e abraçardes a Humanidade como vossa irmã.

Desnudando-vos em plena praça, renunciastes a tudo, iniciando a trajetória pela *via dolorosa,* cantando os dons da pobreza e a fortuna da humildade.

Aqueles que vos conheceram anteriormente, quando jovial e extravagante, não puderam acreditar na grande revolução interna e pensaram tratar-se de alguma nova excentricidade...

Diante, porém, dos fatos grandiosos resultantes da vossa transformação, diversos deles foram buscar-vos para

---

saga: conjunto de histórias, trajetória

epopeia: série de ações

fastio: aborrecimento

estiolar: debilitar, enfraquecer

que lhes ensinásseis a técnica luminosa da entrega total a Jesus.

...E porque nada tínheis, vós e eles buscaram refúgio entre os leprosos que se escondiam nos escombros em Rio Torto, que se transformaram no suntuoso lar de vossas residências.

Não faltaram aqueles contemporâneos que vos definiram como *um bando de vagabundos e desorganizados*, porque eles se encontravam asfixiados pelos gases das utopias e falácias do corpo transitório, embora os vossos feitos em favor dos infelizes. Era, porém, a mentalidade da época de trevas e de ignorância que conseguistes iluminar.

utopia: fantasia

falácia: mentira

Pedradas, humilhações de todo porte, perseguições e zombarias, fome e necessidades conseguistes transformar em estímulo para a incomum entrega a Deus.

Quantas vezes interrogastes: *Quanto é demasiado?* Ou melhor, reflexionando, pensastes: *Sou eu o proprietário de minhas posses ou elas me possuem?*

Acostumado antes ao conforto e ao luxo, ao poder e ao destaque entre os endinheirados era natural que buscásseis o equilíbrio entre a posse e o possuidor, resolvendo então por nada possuirdes.

Selecionastes os recursos para a empresa de santificação, utilizando-vos da não posse como a libertadora da alma.

Quando a fome derivada dos jejuns e da falta de alimentos vos excruciava a todos, vosso canto em homenagem à Irmã Alegria diminuía a tristeza geral e emoções sublimes tomavam conta de todos vós...

Buscastes com o pequeno grupo o apoio do papa Inocêncio III, o homem mais poderoso da época, mergulhado em luxo e diplomacia, pompa exorbitante e indiferença pela fé, não porque necessitásseis dele, que nada possuía para vos oferecer em espiritualidade, mas para evitardes a pecha degradante de heresia em vossa e na conduta daqueles que vos seguiam, e apesar de tudo, o sensibilizastes pela pureza, candura e devotamento a Jesus, dele conseguindo somente uma bênção, perfeitamente dispensável, e algumas palavras de encorajamento.

Vistes ali, no Palácio de Latrão, em Roma, o anticristianismo, o burlesco, o jogo dos interesses vis, nos quais Jesus estava ausente...

As vossas palavras e exemplos tornaram-se estrelas iluminando a grande noite da Idade Média e se avolumaram aqueles que buscavam Jesus despido das mentiras humanas e dos rituais enganosos da tradição teológica.

O vosso é o Jesus da simplicidade, da pobreza, do amor aos infelizes, da renúncia às ilusões e da sublimada entrega a Deus, não Aquele a quem diziam seguir...

Quando Clara buscou o vosso auxílio, deixando para trás o mundo de fantasias, acolhestes a jovem afetuosa, sem recear o poder da sua família, tonsurando-a de imediato, para que ficasse sob a proteção da Igreja e não fosse obrigada a retornar ao século.

Intimorato guerreiro do amor, quanta coragem tínheis!

As vossas dores físicas, naqueles dias, despedaçavam o vosso corpo frágil e afligiam a alma veneranda: malária em

exorbitante: excessivo

pecha: falta, mancha, nódoa

tonsura: corte rente de parte do cabelo, em cerimônia religiosa

intimorato: destemido, corajoso

surtos contínuos com febre e dores estomacais, com o baço e o fígado comprometidos não conseguira desanimar-vos...

Ao lado dessas aflições vosso corpo foi lentamente transformado em um jardim, no qual passaram a desabrochar as primeiras rosas arroxeadas da hanseníase...

Suportáveis tudo com paz, cantando louvores a Deus e aos Irmãos da Natureza.

Em vossa ingenuidade, um pouco antes, pensando em converter a Jesus o sultão al-Malik al-Kamir, viajastes ao Egito com vosso irmão Illuminatus, conseguindo dialogar com o nobre muçulmano, que acenou com a paz a Pelágio mais de uma vez, e que a recusou, redundando em tragédia a 5ª. Cruzada.

Embora vos sentindo fracassar no empenho para a conversão do monarca, buscastes os leprosos e os mais ínfimos pelos sítios por onde peregrinastes.

ínfimo: pequeno

Com anuência do sultão gentil visitastes os lugares onde nascera, vivera e morrera o Amor incomum, fortalecendo-vos para as crucificações do futuro a que seríeis submetido.

anuência: aprovação

Quando retornastes à querida Assis, já sentíeis as dores quase insuportáveis da conjuntivite tracomatosa, muito comum no Oriente, e que atinge ainda hoje milhões de vítimas, levando-as à cegueira.

conjuntivite tracomatosa: inflamação que afeta os olhos

Aconselhado por frei Elias e pelo cardeal Ugolino, que vos amava, aceitastes em vos submeterdes ao tratamento especial contra o tracoma em Rieti, nas mãos do médico que aqueceu dois ferros até os tornar brasas vivas e vos cegou, na ignorância presunçosa, atribuindo-se conhecimentos que não possuía, abrindo na vossa face duas imensas feridas que chegavam às orelhas. E sequer reclamastes, exclamando, confiante: *Oh! Irmão fogo!... Sê bondoso comigo nesta hora...*

Como se não bastasse, posteriormente, a fim de estancar a purulência dos vossos ouvidos, novamente experimentastes barras de ferro em brasa que os penetraram, sem que exteriorizásseis um gemido único...

Oh! Pai Francisco!

Nas tempestades que sacudiram, então, o vosso trabalho e no abandono a que vos atiraram alguns daqueles que ainda amavam mais o mundo e suas mentiras, buscastes meditar nos montes Subásio e Alverne, no último do qual Jesus crucificado, conforme ocorrera diante do crucifixo de São Damião, vos assinalou com a *stigmata*, que alguns negariam depois...

Quando alguém vos interrogou, posteriormente, o antigo jovem trovador, reagiu, dizendo: *Cuide da sua vida.*

Não desejáveis que ninguém soubesse da vossa perfeita união com Ele, o Rejeitado sublime.

anelar: desejar, aspirar

Aneláveis por viver e sofrer como Ele vivera e sofrera embora vos considerasse *inútil servo* ou *um homem inútil*.

Com o coração trespassado pelas setas contínuas da ingratidão de muitos que agasalhastes no peito como se fossem cordeiros mansos, embora fossem serpentes venenosas que vos picaram mil vezes, assim mesmo continuastes amando-os.

mancomunação: mentira, falsificação

Assim é o mundo com as suas mancomunações!

Os utilitaristas e a sua perversidade sempre estão presentes em todos os lugares.

Aqueles, porém, que vos atraiçoaram também morreram, *Pobrezinhos de Deus,* e despertaram com a hanseníase na alma...

Não vós!

Ave canora que éreis, ascendestes na escala da evolução, vencendo todos os limites e dimensões do conhecimento, recebido por Ele, que vos aguardava com a ternura infinita que reserva para aqueles que O amam.

Ei-los, os ingratos, que se encontram de volta à Terra destes dias, recordando-vos, arrependidos e afáveis, buscando a reabilitação.

Apiedai-vos de todos eles, os vossos crucificadores, e amparai-os na esperança e na coragem para conseguirem a autoiluminação.

Menestrel de Deus:

Neste momento em que a ciência e a tecnologia soberbas falham na tarefa de fazerem felizes os seres humanos, intercedei ao Pai por todos nós que ainda transitamos pela senda libertadora, buscando a perdida alegria que desfrutávamos ao vosso lado, naqueles inolvidáveis dias.

Pai Francisco:

Abençoai-nos, mais uma vez.

(*) Inúmeros autores escrevendo sobre o santo de Assis, também asseveram que ele desencarnara no dia 03 de outubro. | Nota da autora espiritual.

PELAS TRILHAS DE JESUS

À medida que se avolumam o desespero e os desvios de conduta entre as criaturas terrestres, aumentando os índices dos crimes hediondos e a terrível avalanche dos caminhantes sem roteiro, a maioria delas vencida pelos desconsertos da emoção e pela perda do sentimento nobre da alegria de viver, as notáveis conquistas da inteligência deste século de tecnologia e de ciência perdem o brilho, por não haverem conseguido tornar o ser humano mais feliz do que os seus antepassados...

As gloriosas aquisições que lhe facultaram uma existência mais longa, assinalada por muitas comodidades e recursos para a fácil locomoção, para as comunicações, para o desaparecimento e a diminuição de várias enfermidades físicas, infelizmente não lhe alteraram as angústias, as dores morais, nem lhes preencheram as necessidades de acompanhamento, de afeto, de autorrealização.

Um grande número de seres humanos movimenta-se como sonâmbulo inconsequente, transitando de um para outro lado, sem se dar conta do que lhe sucede em volta, enquanto outros, desarvorados, atiram-se na correria intérmina pela busca de coisa nenhuma, acumulando haveres sem maior significado pela impossibilidade de armazenar paz interior e enriquecimento espiritual.

O vazio existencial domina as diversas classes sociais, mesmo aquelas ditas privilegiadas pelo poder temporal, pelos haveres amoedados, pelas posições de destaque social e político, empurrando-as para a drogadição, o sexo exaustivo, o alcoolismo, o tabagismo, a agressividade, em que se desgastam e sucumbem.

A perda de objetivos relevantes caracteriza-lhes a fuga para a futilidade e o prazer que não satisfazem as ânsias do coração nem as aspirações profundas do pensamento.

Quanto mais aumenta a população terrestre mais se amplia a área da solidão, impondo grande silêncio aos relacionamentos, em decorrência da desconfiança que assalta, zombeteira as criaturas, armando-as, quase sempre, umas contra as outras, quando se deveriam amar umas às outras.

Os condomínios de luxo multiplicam-se numericamente assinalados pelos mecanismos de proteção aos seus residentes que constroem ilhas de prazer distanciando-se cada vez mais da sociedade em geral, impossibilitados de viverem em paz e em saudável alegria, porque, mesmo nesses seletos *paraísos*, a maquilagem da ilusão não consegue ocultar a realidade pessoal, mascarando as suas faces sem modificar os seus sentimentos...

Predador, o ser humano parece retornar à caverna em mecanismo defensivo-agressivo, ansiando por afeição e entendimento fraterno.

Dois mil anos de mensagem cristã, incontáveis denominações religiosas, exibições doutrinárias utilizando os mais avançados mecanismos da cibernética e da informática, e pouquíssima religiosidade no comportamento e na ação dos novos crentes!

Técnicos em administração de empresas orientam núcleos de fé religiosa, preocupados em acumular poder e finanças, falhando, porém, nos objetivos essenciais, porque, embora esses lugares se apresentem repletos de assistentes, os mesmos sorriem combatendo-se mutuamente através das rixas defluentes* da insegurança psicológica, da inveja, da insensatez, do quase total desconhecimento ou crença na imortalidade do Espírito, que prosseguirá após a disjunção* molecular com o patrimônio do que fez durante a vilegiatura carnal, conduzindo os valores reais que lhe caracterizam o processo evolutivo e não com a aparência habilmente cuidada.

defluente: que deriva

disjunção: separação

*

É tão fácil, no entanto, seguir pela trilha percorrida por Jesus!

Ele não se preocupou em ter, em amealhar, mas em ser, em distribuir.

Jamais se prendeu às questões transitórias, sempre preocupado com aquelas de natureza imorredoura.

Nunca se dispôs a prejudicar quem quer que fosse desculpando até mesmo os que se compraziam em Lhe ser adversários perversos e impertinentes.

Aberto ao amor, nunca se impôs, deixando livres todos quantos se Lhe acercassem, embora os sentimentos nem sempre edificantes que os assinalavam.

Jamais se dedicou à censura, à maledicência, à perda de tempo nos jogos de interesses materiais.

Desobrigou-se de todos os deveres que Lhe diziam respeito com naturalidade, sem ostentação, afável e simples como o lírio do campo, sempre vigilante em relação ao verbo servir sem esperar resposta dos que se beneficiavam da Sua bondade.

Filho excelente de Deus, jamais se jactou dessa condição superior, misturando-se aos mais infelizes, aos perseguidos e indesejados, tendo paciência incomum com as suas misérias e mesquinhezes, sem deixar de atender aos outros infelizes mergulhados no poder temporal, nos negócios de César, nas disputas de toda natureza...

Absolutamente consciente da Sua missão entre as criaturas humanas, dignificou-as com a Sua ternura, orientando-as e vivendo de tal forma que ninguém pudesse duvidar da autenticidade dos Seus ensinamentos.

Despojado de tudo, era possuidor dos tesouros da paz e da alegria, submetendo-se às injunções mais penosas sem qualquer queixa nem reclamação, sempre exaltando o Pai de Quem procedia...

jactar: vangloriar

injunção: imposição

A trilha percorrida por Jesus encontra-se vazia, empoeirada, com espinhos e pedrouços à mostra, queimada pelo Sol ardente...

pedrouço: monte de pedras

Vez que outra se pode ver alguém se movimentando pelo terreno áspero, tentando repetir-Lhe a passagem, quase sempre, porém, sob o sarcasmo de outros companheiros que estão na margem e lhe atiram pedras, vencidos pelas trevas interiores e pelos desencarnados adversários do Bem, tentando desviá-los, para que se percam no desespero ou no desencanto...

Vinculado, no entanto, a Jesus, esse alguém segue dominado pela consciência do dever, sem a preocupação das láureas nem dos aplausos da mentira que tanto agradam a vacuidade e a ilusão.

láurea: admiração

vacuidade: vaidade

Não dispondo de tempo para as discussões inúteis, para os debates da vaidade exacerbada, para as defesas pessoais, seguem incompreendidos, para serem laureados depois da desencarnação com os encômios insignificantes das glorificações terrestres, porque, então, as homenagens que lhes dedicam permitem que a sua luz projete aqueles que os engrandecem inutilmente...

encômio: elogio

Não são poucos aqueles que exaltam outros que crucificaram!

A memória deles lhes permite exibir-se e se tornar herdeiros da sua mensagem, continuadores do seu trabalho, mais em teoria do que na realidade.

Desejassem honestamente dar-lhes continuidade ao estafante labor, fariam um grande silêncio exterior, a fim de que as suas obras exaltassem-lhes o Bem disseminado em todas as suas formas de expressão.

Sucede que, enquanto entoam hinos de gratidão àqueles que optaram pela renúncia e pelo trabalho de abnegação, tornam-se conhecidos, comentados, disputados, saciados na sede de projeção humana.

...E Jesus continua esperando no fim da trilha percorrida por aqueles que tiverem a coragem de completá-la.

*

<small>olvidar: esquecer, abandonar</small>

Desse modo, não te olvides nunca de Jesus, dAquele que se fez *guia e modelo* para toda a Humanidade, a quem amas e a quem desejas servir.

Deixa-te impregnar por Suas lições de amor e te entrega docilmente a Ele, tentando segui-lO pela trilha que te deixou, talvez incompreendido, mas isso não é significativo, porque nem Ele foi respeitado ou estimado, antes arrojaram-nO desdenhosamente em uma cruz de ultrajes que transformou em sublime ponte de vinculação com Deus.

Aproveita hoje para O seguir, sem passado nem futuro, com o coração e a mente tomados pelo Seu amor.

TEMPO DE RENOVAÇÃO

Vive-se a hora angustiante das buscas intérminas que atendem às paixões imediatistas, mas não resolvem as questões profundas do ser espiritual.

O homem e a mulher modernos atiram-se na desvairada correria do prazer, como se as únicas finalidades existenciais fossem as sensações que exaurem em detrimento das emoções dignificadoras que renovam e fortalecem o caráter, facultando tranquilidade e alegria de viver.

Em consequência, predominam a insatisfação, os comportamentos alienantes, o mau humor sistemático, as fugas psicológicas da realidade, a solidão, em lamentáveis mergulhos interiores de desencanto e de frustração.

Multiplicam-se as denominações religiosas, especialmente no Cristianismo, sem que os indivíduos se estabilizem emocionalmente, influenciados pelos veículos de comunicação de massa que oferecem as fantasias e as quimeras de fácil aquisição, resultando em comprometimentos espirituais de alta gravidade.

Preocupados com os lucros financeiros muitos pastores de almas, ao invés de as conduzirem às reflexões interiores, derrapam no mercado da simonia, vendendo a salvação a preços módicos, sem o menor pudor pela responsabilidade que assumem enganando a ingenuidade daqueles que preferem o reino dos céus na Terra, olvidando-se dos valores espirituais de alta significação.

Desse modo, aumentam as estatísticas de criaturas vinculadas às religiões sem o sentimento de religiosidade, umas em lamentável fanatismo, outras apenas formalmente, enquanto mantêm a conduta materialista, distanciando-se cada vez mais da fraternidade e da solidariedade que devem caracterizar os sentimentos de vinculação com a fé.

O grande rebanho humano, embora esclarecido nos programas de tecnologia e de algumas doutrinas científicas, permanece sem rumo e sem crença real em torno da sua imortalidade e dos objetivos essenciais significativos.

A morte se lhe apresenta como a tragédia do cotidiano que deve ser evitada a qualquer esforço e preço, como se a indumentária carnal estivesse elaborada para a eternidade...

As ilusões e fantasias que se divulgam a respeito da vida-além-do-corpo atemorizam grande número de ingênuos e produzem risos de zombaria nos mais cépticos, dando a impressão de que o mundo espiritual pode ser manipulado pela astúcia e prepotência daqueles que se apresentam como intermediários das informações imortalistas.

---

simonia: compra e venda de indulgências

módico: moderado

olvidar: esquecer, abandonar

Iludidos, em si mesmos, cercam-se de incautos que lhes prestam culto de servilismo doentio, assumindo postura ridícula de condutores de outros, olvidados do ensinamento de Jesus a respeito dos *cegos que conduzem cegos e ambos tombam nos abismos...*

Há, sem dúvida, expressiva fome da verdade e buscas honestas que nem sempre são bem-sucedidas, provocando desencanto e amargura.

De um lado a predominância materialista e de outro as informações sem fundamento a respeito do ser espiritual.

Para atender a essa expressiva necessidade, urgente e significativa, chegou à Terra o Espiritismo, conforme Jesus o prometera antes de se despedir dos Seus discípulos...

*

Portador de saudáveis notícias do mundo espiritual que é causal e de onde procedem todas as criaturas antes da sua viagem carnal, o Espiritismo apresenta um programa seguro de esclarecimento e de paz, fundamentando-o na análise daqueles que vadearam o Letes mitológico e aportaram na Realidade...

Demonstrando a necessidade da autoconsciência, esclarece que a vida física é uma experiência educacional no processo de iluminação interior sempre crescente.

As dificuldades existenciais fazem parte do cardápio evolutivo, efeito natural dos comportamentos doentios ou grosseiros das experiências passadas, nas quais houve

vadear: atravessar

Letes: na mitologia grega um dos rios do Hades cujas águas levavam ao esquecimento de quem as provava comprometimento de natureza moral, seja prejudicando o próximo ou a si mesmo cada qual se prejudicando.

Na sua condição de ensementador, o Espírito é o ceifador daquilo que produz, sendo sempre convidado a retornar pelos campos da ação executada, a fim de reunir os bons e os maus frutos que ficaram aguardando-o.

Desse modo, o conhecimento espírita propicia a renovação do indivíduo, que vem tardando a sua recuperação moral, facultando-lhe entender as leis que regem a vida e às quais se deve submeter, porquanto elevam e dignificam os seres humanos.

A primeira característica daquele que se propõe à renovação é a irrestrita confiança em Deus, que se exterioriza em forma de tranquilidade em relação a todos os acontecimentos existenciais, entregue à diretriz superior e feliz pela oportunidade de elevação espiritual.

Ante a adversidade não se entrega à blasfêmia nem ao desespero, porque compreende que o oceano agitado é constituído pelas mesmas águas que lhe dão calmaria, sendo a ocorrência afligente o resultado dos ventos tempestuosos das ações perturbadoras.

Convidado à construção do Bem onde quer que se encontre, agradece a oportunidade, tornando-se partícipe da equipe operosa da fraternidade, ao mesmo tempo empenhando-se em produzir o melhor que lhe esteja ao alcance, porque sabe que todo processo de iluminação é feito por meio do esforço pessoal e da entrega a Deus.

Naturalmente, como as demais pessoas, momentos surgem em que o estresse, o desânimo, a aflição surpreendem-no. Mas, isso é natural, porquanto é constituído da mesma estrutura que caracteriza todas as criaturas, não se permitindo, porém, permanecer nesses desvios de comportamento que após superados mais o fortalecem para os futuros cometimentos.

Nesse indivíduo em renovação, os sentimentos superiores expressam-se em forma de paciência em relação aos demais, de autoconfiança, e porque consciente da transitoriedade da existência física empenha-se em aproveitar ao máximo o tempo de que dispõe para o encontro consigo mesmo e, naturalmente, com Deus.

Aquele que conquista a tranquilidade defluente da fé religiosa edificante e saudável vive em harmonia com tudo e com todos, não se alienando da sociedade a pretexto de encontrar a plenitude, tampouco mergulha na efervescência das futilidades sob a justificativa de estar participando da vida mundana. Vive no mundo, mas não é do mundo, perdido nas suas falsas apresentações.

Toma decisões seguras e, quando, por acaso, equivoca-se, refaz o caminho e tenta novamente tantas vezes quantas se façam necessárias ao aprendizado que persegue.

Tais características programam a mulher e o homem de bem, cuja existência é perfeitamente de acordo com as convicções que mantêm no íntimo.

*

A pessoa que se alimenta de tranquilidade é estável e harmoniosa, sempre afável e útil, pois que aprendeu com Jesus a viver solidária com o Universo.

Muitas vezes é frágil na aparência, mas resistente nas ações e perseverante nos objetivos abraçados.

Nunca desiste dos objetivos a que se dedica, mesmo quando tudo, aparentemente, encontra-se em postura contrária.

O seu é um entusiasmo sereno e vigoroso que a ajuda a manter o mesmo clima de alegria, seja nos momentos de triunfo ou naqueles de sofrimento. O importante é não deixar de porfiar, aguardando o instante próprio para dar prosseguimento ao programa a que se dedica.

Encontrou em Jesus a segurança que antes lhe faltava e, por isso mesmo, reconhece que esse é o seu momento de renovação interior e de aquisição da felicidade real.

porfiar: insistir

TEMPO MENTAL

<u>Na azáfama</u> da vida moderna o aturdimento domina as criaturas humanas que procuram atender aos muitos compromissos, reais e imaginários, não lhes permitindo espaço mental para as reflexões saudáveis nem para as meditações de urgência indispensáveis a uma existência equilibrada.

A parafernália eletrônica facilitando a comunicação, especialmente na área da futilidade, com as exceções compreensíveis, inquieta os seus serventuários que se lhes transformam em escravos, telefonando para diálogos irrelevantes, enviando MSM/s, curiosamente olhando o ORKUT ou outros mecanismos de mexericos e novidades, entregando-se aos jogos de violência ou consultando os *sites* que lhes atendem aos específicos tormentos, em nome do falso progresso tecnológico.

azáfama: agitação, turbulência

Certamente, vivia-se bem sem muitos dos apetrechos modernos, alguns de extravagante significado, mais apresentados como status sociais e econômicos, em razão das suas *grifes* de luxo e de ilusão, do que pelo valor da utilidade, responsáveis pela estimulação da ansiedade, dos jogos de interesse pessoal, das vaidades e das competições doentias.

A falsa necessidade de se acompanhar *ao vivo* tudo o que se passa no Planeta, especialmente na área das tragédias e das intrigas entre celebridades, suas doenças, suas paixões, suas ascensões e quedas impulsiona os tipos comuns a viverem atrelados, a todo o momento, aos instrumentos que lhes sacia a sede de frivolidade como forma disfarçada de fuga psicológica da realidade, escondendo os conflitos perversos que os afligem.

O ser humano autodesconhece-se enquanto permanece atento aos acontecimentos exteriores que envolvem outras pessoas, cujas imagens são mecanismos de transferência das próprias aflições e insegurança, tomando-as como ídolos ou modelos, invejados uns, enquanto detestados outros, por parecerem inalcançáveis...

O desfile dos deuses da alta comunicação midiática é contínuo, alguns sendo substituídos por outros mais audaciosos ou mais bem-remunerados que, incapazes de gerenciar os valores e a existência, atiram-se ao desbordamento das paixões servis, porque vivem saturados de bajuladores e de prazeres incessantes que lhes anulam a capacidade emocional de se sentir bem.

Com rapidez vivenciam o triunfo e logo após desaparecem em silêncio sepulcral, sendo trazidos de volta aos holofotes da fama somente quando transformados em fantasmas inditosos, chamando atenção por escândalos ou acontecimentos desditosos que os multiplicadores de opinião *vendem* com entusiasmo e comentários chulos, quando não escabrosos...

chulo: grosseiro inadequado

É certo que proliferam admiráveis expressões de elevação moral e de dignificação humana, nesse contexto, como não poderia ser diferente, no entanto, é a grande massa, aquela que é dirigida habilmente pelo mercado consumidor, que se deixa arrastar pelo fascínio da modernidade com graves prejuízos para a saúde física, emocional e mental.

Os diálogos pessoais, no momento, cedem lugar às comunicações eletrônicas, o prazer da convivência entre os amigos é transferido para as mensagens ligeiras, ortograficamente incorretas e atentatórias à boa linguagem.

Diz-se que são os *novos tempos* e, sem dúvida, trata-se de novo período no processo sociológico e psicológico da Humanidade, lamentavelmente com resultados bastantes afligentes para os seus áulicos.

A falta de comunhão fraternal, de conversação edificante, de estudos sociais abrangentes com objetivos libertadores caracteriza o crepúsculo desta civilização, em um claro-escuro de sentimentos, enquanto surge nova madrugada anunciando outros valores que estão esquecidos, mas que são de sabor e significado permanente.

*

Nesta panorâmica, em consequência, não se dispõe de tempo físico e muito menos de natureza mental para as aquisições duradouras, aquelas que elevam os seres humanos às esferas sublimes do pensamento e da realização espiritual.

Mesmo quando surge algum espaço físico, havendo oportunidade de tempo cronológico, não existe o de natureza psíquica, porque a mente se encontra abarrotada de ideias e propostas, compromissos e complexidades futuristas, inquietando as pessoas que não desejam ficar ultrapassadas no contexto do grupo social insaciável em que se encontram situadas.

É necessário, dizem, estar bem informadas, desde os lugares onde a drogadição e os demais vícios são permitidos, aos redutos de luxo ou de miséria para o prazer exaustivo, assim como para tomar conhecimento de todas as ocorrências nas diversas *tribos, gangues,* clubes elegantes e de alto preço, apesar dos sucessos que ocorrem nos seus interiores e, de quando em quando, se tornam motivos de escândalos na mídia...

O ser humano é constituído de equipamentos eletrônicos muito delicados, cujo manejo exige habilidade e experiência, a fim de não gerar desarmonia no seu funcionamento.

A mente, que se exterioriza através da câmera cerebral, tem necessidade de harmonia, a fim de processar todos os acontecimentos que lhe dizem respeito ou aqueles que têm lugar à sua volta, de maneira a bem administrar a máquina orgânica.

Em razão disso, o pensamento saudável é essencial para uma existência equilibrada, sendo veículo dos recursos que proporcionam bem ou mal-estar, de acordo com a onda vibratória em que se expressa.

O atropelamento das ideias, a falta de amadurecimento psicológico, a ausência da reflexão podem ser comparadas ao fenômeno alimentar, mediante o qual o indivíduo sobrecarrega o estômago na ânsia de comer bem, gerando graves distúrbios digestivos de imediato. O mesmo ocorre nas áreas mental e comportamental.

Impossibilitada a mente de decodificar todos os fatos e informações que chegam ao arquipélago cerebral, apresentam-se a ansiedade, a impaciência, gerando descontrole nas neurocomunicações com resultados perturbadores para o discernimento, a memória, as aspirações iluminativas, a saúde integral...

O ser humano necessita de silêncio mental, de espaço físico para a autoidentificação, para o autodescobrimento.

Esse interregno entre as atividades irá propiciar-lhe melhor discernimento em torno dos objetivos existenciais, facultando-lhe experienciar os prazeres não desgastantes dos sentidos físicos, mas a fruição da alegria íntima de viver e de poder pensar com liberdade e altruísmo.

interregno: intervalo

Quando se age sem pensar, inevitavelmente se é convidado a retroceder nas ações intempestivas, refazendo o caminho conquistado.

O silêncio íntimo, que permite ouvir-se a *voz da consciência*, é de alta relevância para uma existência feliz, porque permite saber-se o que realmente se deseja produzir e como fazê-lo de maneira excelente.

azáfama:
agitação,
turbulência

A azáfama desequilibra, o excesso de ruídos, a multiplicidade de interesses desarmoniza, e o ser humano perde o endereço, o rumo da sua felicidade.

*

Preserva algum tempo mental para as tuas reflexões, não te deixando seduzir pelas vozes alteradas dos desconsertos emocionais tidos como festivos e promotores da alegria.

Resguarda-te na meditação diária, mesmo que seja por um espaço de tempo reduzido, mas de grande significado para o teu autocontrole, para as tuas decisões e realizações.

infrene:
descontrolado,
desenfreado

Não sobrecarregues as tuas paisagens mentais com as imagens violentas dos desejos infrenes e inferiores, com as imposições sociais e seus fetiches mentirosos, permitindo-te ser livre para pensar e para agir dentro dos padrões felicitadores da boa ética-moral que encontras nos ensinamentos de Jesus,

refrega:
batalha, luta

que te aguarda após as refregas humanas...

A DITADURA JUVENIL

A cultura <u>hodierna</u> exalta em demasia a juventude, oferecendo-lhe as mais belas contribuições para o prazer e o aplicar nas experiências imaturas dos compromissos para os quais ainda não se encontra psicologicamente preparada.

hodierno: atual

Muito cedo se faz a iniciação sexual, sem qualquer consciência de responsabilidade, como se fosse um jogo de sensações sem as inevitáveis consequências da concepção que abre as portas ao aborto delituoso, e, em razão da variação de parceiros aos contágios de enfermidades perversas e devastadoras.

O estímulo à frivolidade, por meio dos atrativos bem trabalhados para os jogos das paixões, e quando se anuncia o cansaço prematuro, surgem as soluções mentirosas das drogas alucinógenas que permitem a ilusão da alegria e da renovação das energias que logo se consomem.

A imaturidade dos jovens atirados à tirania do momento ligeiro que passa responde pela violência, pela exploração dos mais fracos, pela presunção ou pela perda da autoestima, por infelizes transtornos alimentares levando à anorexia e à bulimia, a fim de se submeter aos extravagantes ditames da moda em torno da beleza física, com a perda das possibilidades de um futuro feliz.

Cria-se nova linguagem, surgem comportamentos esdrúxulos estimulados pelos veículos de comunicação de massa e a vulgaridade toma conta dos arraiais da sociedade no culto exacerbado do erotismo, como se o ser humano fosse apenas o animal sexual atormentado pela libido.

> esdrúxulo: extravagante, fora do comum
>
> arraial: segmento, camada

A cada momento surgem os deuses da alucinação na música estranha e agressiva, sem qualquer conteúdo de harmonia, na qual a extravagância e a alucinação dão vida aos seus mitos, assim como nos esportes, nas artes, com predomínio do agressivo e do desrespeito aos valores de dignificação da Humanidade em bem-urdida campanha para o retorno ao primarismo, como se fosse possível abandonar-se todas as conquistas éticas logradas ao largo dos milênios de cultura, de civilização e de beleza...

Dá-se a impressão que o investimento da loucura tem primazia desde que se possa fruir até a exaustão, sem nenhum amanhã à vista...

Sucede, porém, que o tempo, na sua voragem inexorável, vai reduzindo em cinzas as construções de cada dia e atirando ao passado triste tudo quanto em um momento foi denominado de glória e disputa guerreira.

Onde se encontram os grandes conquistadores de um dia, sejam aqueles belicosos que conquistaram os países e os perderam, sejam aqueloutros que fascinaram a geração em que nasceram ou todos que vieram de maneira exaltada e agora se encontram nas furnas do olvido.

Astros luminosos das telas do cinema, da televisão, gênios do teatro e exemplares de incomum beleza não conseguiram manter-se na *crista da onda* e hoje são tristes sombras dos dias de mentirosa glória, sofrendo o abandono e a solidão, quando não devorados pelas enfermidades degenerativas ou pelo efeito dos farmacodependentes a que se entregaram, pelo abuso do álcool, do tabaco, dos excessos sexuais...

Quem os veja, envelhecidos, debilitados e frágeis, com a máscara da tristeza afivelada à face, não tem ideia dos seus antigos momentos de brilho e de ostentação...

Essa inevitável ocorrência sucede a todos quantos não desencarnaram no auge da fascinação que exerceram sobre as massas, tornando-se verdadeiros mitos na imaginação doentia dos seus fanáticos...

furna: poço, fundo

olvido: esquecimento

*

A juventude é a quadra própria para a preparação da existência, breve ou longa, em que o sentido da vida caracterizar-se-á pela construção do futuro feliz, sem a perda da alegria inefável de viver com júbilo e harmonia.

Mantém-se jovem em qualquer idade todo aquele que cultiva os ideais de beleza e de serviço à sociedade, não somente os que possuem a maquinaria orgânica ainda nova, mas essencialmente quem é capaz de amar e de sorrir mesmo quando as ocorrências não se apresentam aureoladas de bênçãos, antes de reflexões e de dores que fazem parte da agenda evolutiva de todas as vidas.

Os anos juvenis são relativamente poucos, quando se trata de uma larga existência, mas tudo aquilo que foi armazenado nesse período irá permanecer para sempre como direcionador das aspirações e mantenedor dos sentimentos profundos do ser.

Jovem, desse modo, pode ser considerado todo aquele que seja capaz de olhar para trás não se envergonhando dos atos que ficaram na retaguarda constituindo-lhes algozes impenitentes geradores de culpa e de desar.

desar: desventura, infortúnio

Corpos jovens existem que conduzem Espíritos profundamente comprometidos com as atitudes infelizes que resultaram da imaturidade psicológica, e que se pudessem retornar àqueles dias de descuido emocional tudo fariam por terem agido de maneira diferente.

Sendo, porém, impossível retornar para corrigir o que foi praticado equivocamente, dispõe-se do futuro que se encontra no presente ensejando um novo recomeço, uma nova atitude dignificadora cujos resultados se apresentarão no momento adequado.

Educado o jovem e informado da transitoriedade de todas as coisas terrenas e das admiráveis aquisições morais, facilmente adapta-se aos ditames da ordem e do progresso, tornando-se cidadão responsável que promove o progresso da sociedade e avança em direção à plenitude.

Desse modo, não são responsáveis os jovens pelas terríveis ondas de alucinação que varrem a Terra em todos os lados, mas aqueles que se lhes constituem modelos, na condição de educadores, de guias, mais interessados em fruir os resultados nefastos dos seus atos consumistas e mentirosos, do que promoverem as gerações novas que chegam necessitadas de diretrizes de equilíbrio e de orientação.

nefasto: nocivo

A cultura do corpo muito difundida estabelece os padrões de beleza esquecendo-se de informar que o indivíduo, em realidade, não é a forma, antes, pelo contrário, é a essência de que se constitui e que exterioriza, queira-o ou não através das vibrações que lhes são próprias.

Por essa razão, é demasiadamente comum encontrar-se os ídolos das massas cercados de tudo menos de bem-estar, esfaimados nos banquetes físicos pelo pão do amor real, da fraternidade legítima, da amizade, da paz interior.

Sucede que todas as conquistas externas não lograram proporcionar, conforme se esperava, o desenvolvimento psíquico.

Há como efeito um terrível vazio existencial, mesmo nos jovens, quase em geral, que se atiram em busca de prazeres cada vez mais exorbitantes, pela perda da sensibilidade para as emoções simples e encantadoras da vida.

exorbitante: excessivo

Viciados, desde cedo, facilmente entregam-se ao tédio ou às emoções fortes predatórias para se sentirem realizados.

Observe-se a conduta dos fanáticos desportistas, em suas reações contra a sociedade em geral e as pessoas em particular, quando os seus clubes não são vitoriosos, depredando, agredindo, matando em <u>sanha</u> selvagem inimaginável.

<small>sanha: fúria, rancor</small>

Juventude, no entanto, é quadra primaveril preparatória para a grandeza do verão da vida, e logo, o outono e o inverno existencial.

*

Para que seja revertida essa ordem de valores negativos torna-se necessário restaurarem-se os princípios psicopedagógicos da atualidade, facultando liberdades de escolhas com responsabilidades de conduta; colocando-se limites na educação doméstica, a fim de que a criança compreenda que não é um <u>títere</u>, mas um aprendiz da vida e que a existência não lhe transcorrerá conforme gostaria, mas consoante os padrões gerais estabelecidos por Deus.

<small>títere: fantoche, marionete</small>

Os transtornos e graves comportamentos de agora constituem um período de transição agressiva que cederá lugar ao de sofrimento expungitivo e de paz renovadora que virá.

Conduzir, portanto, as mentes novas aos compromissos dignificantes é dever de todos os indivíduos adultos que marcham adiante, devendo deixar-lhes a trilha evolutiva assinalada pelas bênçãos que lhes facilitem a ascensão, evitando-lhes as dores que estão programando para o futuro.

CONHECIMENTO E SEGURANÇA

Uma análise isenta de paixão a respeito das pregações de Jesus leva o estudioso a perceber a grande preocupação do Mestre em não sobrecarregar as pessoas com a culpa, a acusação ou qualquer outro instrumento psicológico de punição.

Toda a Sua mensagem é assinalada pela esperança, revestida de otimismo e de alegria de viver.

Jamais Ele exprobrou alguém que Lhe haja buscado a orientação, sobrecarregando-o com censuras e acrimônias. Antes, pelo contrário, sempre procurou aliviar o peso da sua aflição, para depois sugerir, às vezes, com energia, o novo comportamento, aquele que é capaz de proporcionar a saúde integral e a verdadeira paz espiritual.

exprobrar: censurar, condenar

acrimônia: severidade, sarcasmo

Nunca expôs as misérias morais e espirituais dos enfermos do corpo e da alma, que Lhe buscavam a misericórdia, à consideração das massas irresponsáveis, permitindo que o opróbrio e a humilhação fizessem parte da Sua terapêutica de amor.

Sempre encontrava um recurso emocional para despertar a consciência adormecida e a responsabilidade pessoal de cada um, mediante o conhecimento moral responsável pela segurança de conduta.

Contudo, a ignorância, em todas as épocas, tem sido um inimigo severo da criatura humana, respondendo por muitos males que a afligem.

Quando luz, porém, o esclarecimento em torno da problemática existencial, facilmente ocorre a libertação dos atavismos infelizes a que se está jugulado.

Permanecendo o desconhecimento das razões enobrecidas da vida física, mantém-se a infelicidade, enquanto que, à medida que a verdade toma conta dos painéis mentais da criatura, dilata-se-lhe a visão da realidade e assomam valores antes ignorados ou menos considerados, facultando-lhe o empreendimento da reforma íntima e da mudança total de conduta para melhor.

Invariavelmente, psicólogos e psiquiatras inadvertidos, atendendo às aflições humanas, ficam vigilantes para a culpa e para os conflitos dos enfermos, esquecendo-se do indivíduo em si mesmo, para se deter nessas injunções penosas, punitivas, que procuram eliminar, às vezes, sem erradicar as causas profundas que as geraram.

Por sua vez, as religiões ortodoxas do passado impunham a penalização da culpa e da leviandade sobre os

---

opróbrio: desonra

atavismo: reaparecimento de certa característica no organismo depois de várias gerações de ausência

jugulado: atrelado

injunção: imposição

indivíduos fragilizados psicologicamente, para tentar libertá-los mediante promessas espirituais decorrentes dos óbolos e pagamentos monetários, em nefário comércio com a saúde e os elevados objetivos existenciais.

nefário: perverso, cruel, nefasto

Como efeito, a leviandade reinava soberana, facultando a repetição do erro e do crime, desde que fosse providenciada a recuperação pelo arrependimento superficial e a absolvição pelo dinheiro ou concessões outras de natureza material.

Na Sua incomparável condição de psicoterapeuta Jesus nunca excluía o infeliz da oportunidade autorrenovadora, e quando Lhe eram trazidos aqueles que haviam tropeçado nos deveres e infligido os códigos da justiça para que Ele determinasse a punição cabível, Ele observava os acusadores e os interrogava a respeito da própria responsabilidade, das condições morais em que se encontravam... Nada obstante, orientava o enfermo espiritual, ensejando-lhe a reparação do mal praticado através do Bem que lhe competia fazer.

Toda a Sua mensagem é de libertação da consciência adormecida, arrebentando a grilheta perversa da culpa, ensejando o encontro com a sua realidade e as admiráveis bênçãos ao alcance de todos quantos desejem a harmonia pessoal e a saúde real.

grilheta: argola, algema

Ele sempre acolhia a todos com a mesma generosidade e carinho, exceção feita, uma que outra vez, aos fariseus e aos pusilânimes que O desejavam desequilibrar, promovendo situações perturbadoras ou objetivando atirá-lO em suas armadilhas soezes.

pusilânime: fraco, covarde, medroso

soez: indigno

Sempre desatrelou da ignorância as suas vítimas, facultando movimento moral e intelectual aos engessados na paralisia espiritual.

*

Acreditam, equivocamente, alguns cristãos novos, que a crença nos ensinamentos do Mestre Incomparável, ora libertada pelo Espiritismo, produz super-homens e mulheres míticas indenes ao sofrimento e livres das aflições.

Recorde-se que os Seus discípulos eram pessoas simples, adaptadas à rotina das suas profissões, sem maiores ambições imediatas nem responsabilidades amplas.

Desde quando, porém, foram convidados ao ministério, experimentaram grande transformação e tiveram de enfrentar o inusitado da convivência com outras pessoas de diferentes comportamentos e segmentos sociais variados, desde a miséria até a abundância...

Acostumados às modestas reflexões do dia a dia, subitamente defrontaram-se com novos compromissos e diferentes métodos de vivência, sendo envolvidos em intrigas e comentários injustificáveis que os irritavam pela crueldade da situação ou os magoavam pela urdidura de que se faziam portadores.

Não foram poucos os momentos de ansiedade, de estresse, de angústia, pois que estavam diante de um mundo inteiramente novo que jamais pensaram que existisse.

indene: ileso, que não sofre dano

urdidura: intriga

O Seu Mestre não se recusava aos enfrentamentos, aos desafios, possuindo a coragem de ser autêntico em todos os momentos, o que produzia desconforto em alguns adversários que O perseguiam incessantemente.

De igual maneira, todos aqueles que adotam os novos compromissos do Evangelho e do Espiritismo não podem mais permanecer sedentários na inutilidade, repetindo as mesmas façanhas da comodidade, percorrendo os caminhos já conhecidos e sem dificuldades, porque estão convidados para a construção de uma Era nova de amor e de fraternidade.

Incertezas e dúvidas fazem parte de suas lutas, dando lugar a insatisfações e contínuos enfrentamentos do mal, seguros, porém, dos lídimos objetivos a que se vinculam e que devem tornar realidade.

lídimo: autêntico, genuíno

O conhecimento libertador, dominando os recônditos do Espírito, faculta a compreensão de todos os acontecimentos que têm lugar durante o ministério em desenvolvimento.

recôndito: íntimo, lado oculto, profundo do ser

Somente assim é possível manter-se a segurança emocional, vivendo-se o relativo da existência física, com a certeza de que tudo quanto ocorre é fenômeno normal do empreendimento autoiluminativo.

As próprias experiências, à medida que se sucedem, amadurecem os sentimentos e oferecem o equilíbrio para todas as situações, mesmo algumas inusitadas, sem que afetem perturbadoramente o comportamento e a alegria de bem viver.

A insegurança atual assim como a passada no Planeta, considerada sob muitos aspectos, é perfeitamente normal, no entanto, em razão do discernimento dos valores que devem constituir o patrimônio de cada pessoa, em se tratando dos espirituais, esses proporcionam paz e sempre estimulam à conquista da transcendentalidade.

*

Por mais te encontres fixado nos deveres relevantes, não poderás viver sem a experiência do estresse sob controle, da ansiedade em condições normais, das interrogações a respeito da vida e dos seus programas, isso porque anelas ascender rumando em direção ao Infinito.

...E, em uma análise honesta das possibilidades de crescimento intelecto-moral constatarás quanto ainda necessitas conseguir para que logres a satisfação interior.

Com essa visão lúcida, cada vez mais se te imporá a necessidade de ser profundo, lúcido e conhecedor da verdade, resultando em mais segurança na conduta e nas atividades em desenvolvimento a que te entregas.

anelar: desejar, aspirar

lograr: obter, alcançar

LIDERANÇAS

  Toda ideia de enobrecimento humano e todo serviço que contribuem para o desenvolvimento intelecto-moral da sociedade, a fim de alcançar os objetivos a que se propõem, dependem daqueles que os vitalizam com a sua dedicação, assim como das pessoas que se transformam em líderes, apresentando-os em toda parte e os conduzindo com segurança moral e emocional.

  Normalmente, quando se diluem organizações de benemerência, instituições comerciais, sociais, educacionais, religiosas ou culturais na raiz do fracasso encontram-se a inabilidade de condução e de manutenção daqueles que se lhes tornaram responsáveis.

  O líder é alguém que dispõe de um imenso arsenal de valores colocados a serviço do labor que abraça.

benemerência: que promove o bem

Deve ser portador de conhecimento especializado na área em que se movimenta e dotado de um grande senso psicológico para poder comunicar-se com aqueles que participam da atividade a que se entrega.

Em razão da grandeza e do significado possuídos pela mensagem de que se torna instrumento, deve apresentar-se portando equilíbrio e entusiasmo, trabalhando com afinco e sem desânimo em favor da sua implantação no solo generoso da Humanidade.

Sabendo que nem sempre será bem aceito, porque toda proposta nova que objetiva a mudança de hábitos gera conflitos, permanece em calma, mesmo quando os distúrbios e as reações se avolumam à sua volta, prosseguindo com fidelidade o dever, sem queixas nem recriminações.

A força do seu comportamento como decorrência da sua convicção fala mais alto do que as suas palavras, e a maneira como se conduz responde com eficiência pela qualidade de que se reveste o seu propósito.

Tem paciência, não antecipando acontecimentos, nem desejando a mudança radical do contexto social, como se fora um novo messias da era nova de redenção da Humanidade.

Reconhece as próprias limitações e se esforça por se melhorar, adquirindo experiência no dia a dia sem enfado nem desgosto, mas com a certeza da vitória no momento oportuno.

O líder é um lutador que se destaca no conjunto social pelos valores éticos e pela exemplificação elevada.

enfado: descanso, tédio

Quando incendiário, destrói o que há de melhor e que necessitava de ser modificado em vez de destruído, e quando questionador demonstra a insegurança que o caracteriza interiormente, portando-se como *criança maltratada,* que choraminga ante os desafios.

A liderança é muito importante na divulgação do pensamento, dos ideais, das experiências, de tudo quanto constitui patrimônio da Humanidade.

Podemos identificá-la muito bem apresentada, naqueles que se notabilizaram pela perversidade, que apresentaram teorias absurdas e destruidoras, teses desestabilizadoras, arrebanhando as massas desesperadas que os transformaram em novos mitos, atendendo-lhes às paixões e aos desregramentos sem pensar...

Todos, porém, terminam sucumbindo ao impositivo da loucura em que estertoram consumidos pela voragem do tempo, que a nada nem a ninguém poupa.

O líder do Bem é diferente, porque se faz condutor da paz e da esperança, da solidariedade e do amor, às vezes, sendo também imolado em fidelidade aos sentimentos íntimos de que é portador.

A liderança é fenômeno psicológico natural que caracteriza determinados indivíduos e que outros por meio das técnicas de comunicação conseguem alcançar, nem sempre com o mesmo êxito, conforme ocorre com os missionários do amor e da verdade.

estertorar: agonizar

voragem: ação inclemente do tempo

imolado: sacrificado

*

Se te candidatas a servir em qualquer mister de elevação moral e espiritual, especialmente naquele que diz respeito à edificação do Bem e da Caridade, do Amor e da Verdade entre as demais criaturas humanas, municia-te de harmonia e de ternura, a fim de atraíres seguidores sinceros que sintonizarão contigo.

Confia na força dos teus propósitos, mas mantém a mansidão que estimula e a coragem que dignifica, sendo enérgico quando necessário, sem seres rude porque não sejas compreendido ou aceito.

Recorda que és o idealista e não os outros, portanto, a tarefa pertence-te e deves perseverar, afeiçoado ao exaustivo labor a que te propões.

Não esperes facilidades pelo caminho, porque a tua é a mensagem de transformação moral da sociedade aflita, que necessita de roteiro para caminhar com segurança rumo à felicidade, aos objetivos existenciais dignificantes.

Em torno de todo líder encontram-se cooperadores sinceros, mas nem sempre portadores de elevação, que geram dificuldades e impedem o bom relacionamento com aqueles que desejam participar dos empreendimentos nobilitantes.

Não te permitas cercar de pessoas ditas afeiçoadas que pretendem isolar-te dos outros, justificando que és eleito para os grandes eventos, para as realizações que outros não têm condições de executar... Esse bafio pestilencial do elogio vulgar, da bajulação doentia é um grande perigo para o trabalhador idealista.

---

municiar-se: preparar-se, abastecer-se

nobilitante: nobre

bafio pestilencial: atraso, decadência, hábito nocivo, insalubre

Sê sincero, mas não grosseiro.

Sê gentil, não conivindo, porém, com o erro.

Sê dedicado, no entanto, não te permitas perder o rumo, tornando-te fanático.

Sê veraz, mantendo-te austero diante da maledicência e da calúnia.

Demonstra pelos atos a tua formação moral, ante os embates perversos do caminho de testemunhos.

Nunca te defendas das acusações verdadeiras ou injustas, porque isso constitui perda de tempo, fornecendo material incendiário aos ociosos, que se fazem inimigos gratuitos de todos aqueles que aspiram pelo melhor e trabalham pela dignificação da sociedade.

O silêncio é portador de uma força moral mais eficaz do que o excesso de palavras justificando o comportamento.

Expõe os teus objetivos sem pretensão, dando aos outros o direito de seguir aquilo que melhor lhes atenda aos anseios da mente e do coração.

Semeia, porém, sempre sem ansiedade nem tormento.

Demonstra que a excelência da tua atividade está apresentada na maneira como ages, como segues, como te comportas em relação a todos.

O verdadeiro líder não se jacta, nem se percebe, sendo notado pela facilidade com que as pessoas o cercam e o seguem com espírito de bondade para com todos e de compaixão para com aqueles que se fazem inimigos.

---

conivir: concordar, pactuar

veraz: verdadeiro, confiável

austero: inabalável

anseio: desejo, aspiração

jactar: vangloriar

O mundo sofre muito a falta de lideranças do Bem.

<small>afoito:
afobado</small>

Pessoas afoitas assumem tarefas e pensam em se tornar líderes sem a menor estrutura emocional, vivendo angustiadas, queixosas, briguentas e infelizes...

Como o Bem pode fazer tanto mal? Porque, certamente, não é o Bem que as conduz, mas sentimentos outros de transferência psicológica de conflitos, ocultando a vaidade, disfarçando a prepotência.

O líder consegue apaziguar os conflitantes sem partidarismo, apresentando o caminho da harmonia e do dever, sendo justo e amigo de todos.

*

Se pretendes liderar qualquer forma de atividade, trabalha-te interiormente, renovando os teus sentimentos, enriquecendo-te de forças morais para a integração no espírito do serviço.

Medita e trabalha com naturalidade, sem forçar humildade aparente nem assumir aspecto de santificação.

Todo ser humano tem momentos felizes e outros menos bons.

Não te aflijas, quando fores mal sucedido em qualquer atitude, desculpando-te e repetindo a experiência como qualquer outro, porque não és especial nem irretocável.

Em qualquer situação recorda-te de Jesus, o Líder por excelência, tendo nEle a diretriz e o modelo, e nunca te equivocarás nem perderás o rumo.

REFLEXÕES SOBRE A CALÚNIA

Ninguém passa pela jornada terrestre sem experimentar o cerco da ignorância e da imperfeição humana.

Considerado como planeta-escola, o mundo físico é abençoado reduto de aprendizagem, no qual são exercitados os valores que dignificam em detrimento das heranças ancestrais que assinalam o passado de todas as criaturas, em seu penoso processo de aquisição da consciência.

Herdando as experiências transatas em seus conteúdos bons e maus, por um largo período predominam aqueles de natureza primitiva, por estarem mais fixados nos painéis dos hábitos morais, mantendo os instintos agressivos-defensivos que se vão transformando em emoções, prioritariamente egoicas, em contínuos conflitos com o

Si mesmo e com todos aqueles que fazem parte do grupo social onde se movimentam. Inevitavelmente, as imposições inferiores são muito mais fortes do que aquelas que proporcionam a ascensão espiritual, liberando o orgulho, a inveja, o ressentimento, a agressividade, o despotismo, a perseguição, a mentira, a calúnia e outros perversos comportamentos que defluem do ego atormentado.

Toda vez que o indivíduo se sente ameaçado em sua fortaleza de egotismo pelos valores dignificantes do próximo, é dominado pela inveja e investe furibundo, atacando aquele que supõe seu adversário.

Porque ainda se compraz na situação deplorável em que estorcega, não deseja permitir que outros rompam as barreiras que imobilizam as emoções dignas e os esforços de desenvolvimento espiritual, assacando calúnias contra o *inimigo*, gerando dificuldades ao seu trabalho, criando desentendimentos à sua volta, produzindo campanhas difamatórias, em mecanismos de preservação da própria inferioridade.

Recusando-se, consciente ou inconscientemente, a crescer e a se igualar àqueles que estão conquistando os tesouros do discernimento, da verdade, do Bem, transforma-se, na ociosidade mental e moral em que permanece, em seu cruel perseguidor, não lhe dando trégua e se retroalimentando com a própria insânia.

Torna-se revel e não aceita esclarecimento, não admitindo que outrem se encontre em melhor situação emocional do que ele, que se autovaloriza e se autopromove, comprazendo-se em perseguir e em malsinar.

estorcegar:
apegar,
debater

assacar:
impingir,
atribuir

revel:
intransigente

malsinar:
caluniar,
sensurar

Ninguém consegue realizar algo de enobrecido e dignificante na Terra sem lhe sofrer a sanha, liberando a inveja e o ciúme que experimenta quando confrontado com as pessoas ricas de amor e de bondade, de conhecimentos e de realizações edificantes...

sanha: fúria, rancor

A calúnia é a arma poderosa de que se utilizam esses enfermos do Espírito, que a esgrimem de maneira covarde para tisnar a reputação do seu próximo, a quem eles não conseguem se equiparar, optando pelo seu rebaixamento, quando seria muito mais fácil a própria ascensão rumo à felicidade.

A calúnia, desse modo, é instrumento perverso que a crueldade dissemina com um sorriso e certo ar de vitória, valendo-se das imperfeições de outros cômpares que a ampliam, sombreando a estrada dos conquistadores do futuro.

cômpare: semelhante

Nada obstante, a calúnia é também uma névoa que o sol da verdade dilui, não conseguindo ir além da sombra que dificulta a marcha e das acusações aleivosas que afligem a quem lhe ofereça consideração e perca tempo em contestá-la.

aleivoso: enganoso, mentiroso

*

Nunca te permitas afligir quando tomes conhecimento das acusações mentirosas que se divulgam a teu respeito, assim como de tudo quanto fazes.

Evita envenenar-te com os seus conteúdos doentios, não reservando espaço mental ou emocional para que se te fixem, levando-te a reflexões e análises que atormentam pela sua injustiça e maldade.

Se alguém tem algo contra ti, que se te acerque e exponha, caso seja honesto.

Se cometeste algum erro ou equívoco que te coloque em situação penosa e outrem o perceba, sendo uma pessoa digna, que se dirija diretamente a ti solicitando esclarecimentos ou oferecendo ajuda, a fim de que demonstre a lisura do seu comportamento.

> lisura: franqueza, sinceridade, honestidade

Se ages de maneira incorreta em relação a outrem e esse experimenta mal-estar e desagrado, tratando-se de alguém responsável, que te procure e mantenha um diálogo esclarecedor.

Quando, porém, surgirem na imprensa ou nas correspondências, nas comunicações verbais ou nos veículos da mídia, ou na Internet acusações graves contra ti, sem que antes haja havido a possibilidade de um esclarecimento de tua parte, permanece tranquilo, porque esse adversário não deseja informações cabíveis, mas mantém o interesse subalterno de projetar a própria imagem, utilizando-se de ti...

> iracundo: enraivecido, violento

Quando consultado pelos iracundos *donos da verdade* e *policiais da conduta alheia* com a arrogância com que se comportam, exigindo-te defesas e testemunhos, não lhes dês importância, porque o valor que se atribuem somente eles mesmos se permitem...

Não vives a soldo de ninguém e o teu é o trabalho de iluminação de consciências, de desenvolvimento intelecto--moral, de fraternidade e de amor em nome de Jesus, não te encontrando sob o comando de quem quer que seja. Em razão disso, faculta-te a liberdade de agir e de pensar conforme te aprouver, sem solicitar licença ou permissão de outrem.

Desde que o teu labor não agrida a sociedade, não fira a ninguém, antes, pelo contrário, seja de socorro a todos quantos padecem carência, continua sem temor nem sofrimento na realização daquilo que consideras importante para a tua existência.

Desmente a calúnia mediante os atos de bondade e de perseverança no ideal superior do Bem.

Somente acreditam em maledicências aqueles que se alimentam da fantasia e da mentira.

Alegra-te, de certo modo, porque te encontras sob a alça de mira dos contumazes inimigos do progresso.

contumaz: insistente

Todos aqueles que edificaram a sociedade sob qualquer ângulo examinado, padeceram a crueza desses Espíritos infelizes, invejosos e insensatos.

crueza: crueldade

Criando leis absurdas para aplicarem-na contra os outros, estabelecendo dogmas e sistemas de dominação, programando condutas arbitrárias e organizando tribunais perversos, esses instrumentos do mal, telementalizados pelas forças tiranizantes da erraticidade inferior, tornaram-se em todas as épocas inimigos do progresso, da fraternidade que odeiam, do amor contra o qual vivem armados...

Apiada-te, portanto, de todo aquele que se transforme em teu algoz, que te crie embaraços às realizações edificantes com Jesus, que gere ciúmes e cizânia em referência

cizânia: discórdia

às tuas atividades, orando por eles e te envolvendo na *lã do Cordeiro de Deus*, sendo compassivo e misericordioso, nunca lhes revidando mal por mal, nem acusação por acusação...

A força do ideal que abraças dar-te-á coragem e valor para o prosseguimento do serviço a que te dedicas, e quanto mais ferido, mais caluniado, certamente mais convicto da excelência dos teus propósitos, da tua vinculação com o Sumo Bem.

*

Como puderam, aqueles que conviveram com Jesus, recusar-Lhe o apoio, a misericórdia, a orientação?!

Após receberem ajuda para as mazelas que os martirizavam como é possível compreender que, dentre dez leprosos, somente um tivesse voltado para Lhe agradecer?!

Como foi possível a Pedro, que era Seu amigo, que O recebia em Seu lar, que convivia em intimidade com Ele, negá-lO, não uma vez, mas três vezes sucessivas?!

...E Judas, que O amava, vendê-lO e beijá-lO a fim de que fosse identificado pelos Seus inimigos naquela noite de horror?!

Sucede que o véu da carne obnubila o discernimento mesmo em alguns Espíritos nobres, e as injunções sociais, culturais, emocionais neles produzem atitudes desconsertantes, em antagonismos terríveis às convicções mantidas na mente e no coração.

---

obnubilar: obscurecer, turvar

injunção: imposição

Todos os seres humanos são frágeis e podem tornar-se vítimas de situações penosas.

Assim, não julgues ninguém, entregando-te em totalidade Àquele que nunca se enganou, jamais tergiversou, e se deu em absoluta renúncia do ego, para demonstrar que é o *Caminho da Verdade e da Vida*.

tergiversar: desviar, evadir

TRANQUILIDADE E AMOR

As pessoas inexperientes confundem tranquilidade com falta de labor, ausência de atividade, inércia.

Imaginam, inclusive, que as águas paradas são bem o símbolo da tranquilidade, sem se dar conta que a ausência de movimento as torna perigosas, por ocultarem decomposição orgânica, <u>miasmas</u>, perigos à saúde.

Há, sem dúvida, a tranquilidade que deflui do silêncio, da quietação, do mergulho no âmago do ser. Nada obstante, não deve ser vista como mecanismo de fuga psicológica da realidade, do movimento, do intercâmbio de recursos com outras pessoas e de ações contínuas em favor do progresso.

Não poucas vezes, a pessoa pode apresentar-se exteriormente calma, vivendo conflitos de difícil controle, profundamente ansiosa ou perturbada nos seus melhores <u>anseios</u> de felicidade.

miasma: energia densa gerada pelos seres humanos quando em desarmonia

anseio: desejo, aspiração

A tranquilidade pode ser considerada como o fruto da ação realizada com segurança e da vivência dos ideais saudáveis da comunhão fraterna com os demais.

No exercício dos deveres que devem ser vivenciados, a dinâmica do trabalho favorece com a serenidade mental e emocional que resulta da consciência que vibra de acordo com os compromissos aos quais se vincula.

Compreensivelmente, o labor metódico e contínuo, oferecendo significado psicológico à existência é estímulo seguro para as vitórias nos empreendimentos evolutivos e recurso psicoterapêutico para a manutenção do equilíbrio emocional e mental, facultando a vivência da tranquilidade.

No turbilhão das preocupações diante dos enigmas a serem decifrados, o cientista de qualquer área experimenta a harmonia interior e a alegria indescritível de realizar o que vem tentando, e mesmo quando não logra de imediato o resultado feliz, embora experimente frustração ou desencanto, não perde a paz nem a coragem para prosseguir.

Quando se aspira pela paz contemplativa das paisagens transcendentais, experimenta-se também um anseio pela ociosidade, o desejo de fugir do turbilhão onde as demais criaturas estorcegam nas aflições, mantendo-se a distância, a fim de não se permitir contaminar pelos seus sofrimentos.

Essa atitude demonstra o egoísmo em que a pessoa alicerça os seus ideais distanciando-se dos deveres da fraternidade e da solidariedade, em que o auxílio recíproco faculta o crescimento de todos em direção à plenitude.

---

anseio: desejo, aspiração

estorcegar: apegar, debater

O decantado paraíso apenas para alguns indivíduos que se olvidaram dos seus irmãos na retaguarda, pensando no interesse pessoal é destituído de plenitude e assinalado pelas preocupações afetivas de que ninguém se pode eximir, especialmente quando se lhe alarga o tempo que permite reflexões e revisão dos atos.

olvidar: esquecer, abandonar

Qual a felicidade de genitores afetuosos que desfrutem das bênçãos da alegria e das bem-aventuranças, constatando que os filhos e amores outros se encontram em sofrimentos inenarráveis sem consolo nem esperança?

Onde a tranquilidade do ser, ante a preocupação com aqueles que jornadeiam na retaguarda, na escuridão da ignorância e nos tormentos do remorso e da culpa?

jornadear: andar, caminhar

*

As pessoas verdadeiramente tranquilas sempre se encontram em atividade contínua, preocupadas com os objetivos essenciais da existência que envolvem todas as criaturas, inclusive a Natureza.

A sua entrega aos ideais que vitalizam pelo trabalho oferece a medida real da grandeza do sentimento que as caracteriza.

Nos processos de depressão, a falta de ânimo para executar ações de qualquer natureza tipifica uma das síndromes graves do terrível transtorno, isto porque, sempre que haja movimento a vida exulta e, toda vez que o trabalho se apresenta estímulos novos comandam o ser facultando-lhe o encontro de sentido psicológico existencial.

tipificar: caracterizar

Todos os seres humanos que se dedicaram à construção do mundo melhor experimentaram, a princípio, ansiedade em razão da incerteza do êxito. Empenhando-se na vivência do ideal deram-se conta dos desafios que seriam enfrentados e, apesar das circunstâncias, nem sempre favoráveis, perseveraram na luta séria até lograrem o êxito do empreendimento.

Noites maldormidas, esforços hercúleos, erros e acertos fizeram-se presentes nos diferentes períodos, sem que ficassem perturbados ante a grandeza do labor a que se entregavam. Cada vez mais confiantes, perseveraram até o fim, ainda que tudo aparentemente conspirasse contra os seus anelos...

> anelo: desejo, aspiração

Isto porque, experimentavam a presença do amor.

A tranquilidade é desse modo, em casos como esses, filha da razão de ser que cada um se impõe, compreendendo que os esforços desenvolvidos para culminar qualquer projeto, tornando-o realidade, é sempre o fruto da perseverança e da irrestrita certeza do êxito.

> culminar: alcançar

Por isso, inspiração e transpiração sempre estão juntas em todas as realizações de enobrecimento da Humanidade.

Aparentemente, algumas obras enobrecedoras parecem ter sido feitas com facilidade, apenas porque as observando depois de concluídas não se tem ideia exata de como foram realizadas, dos testemunhos silenciosos, mas também das imensas alegrias experimentadas durante o transcurso da sua realização.

Não se espere, pois, tranquilidade na vida que seja parecida à inutilidade, à falta de movimento e de objetivos.

Afirma velho brocardo popular que *águas paradas não movem moinhos,* de igual maneira paralisia não transforma as paisagens da vida em recantos de lazer e de felicidade.

brocado: ditado, adágio

O pântano pútrido necessita ser dragado para se transformar em jardim ou pomar. Enquanto permanece na situação de depósito de miasmas é área de morte, no entanto, quando trabalhado transforma-se em centro de vida.

miasma: energia densa gerada pelos seres humanos quando em desarmonia

Enquanto estiveres no corpo, sempre defrontarás novos desafios em cada etapa existencial em que te encontrares, porque o fenômeno do progresso abre mais amplas perspectivas e possibilidades de ação.

Estacionar é perder as excelentes chances de produzir e de crescer.

Ninguém espere tranquilidade no leito ocioso do repouso injustificável.

Embora aparentemente com preocupações e lutas, a tranquilidade é o estado interior de consciência e de emoção, avançando rumo à grande libertação das provas e expiações redentoras.

Se desejas tranquilidade ama e serve sempre.

*

Jesus foi sintético e profundo, aliás, como sempre, ao afirmar: *No mundo só tereis aflições,* lecionando que os enfrentamentos fazem parte do cotidiano da evolução.

aziaga: sombria, tenebrosa

Ele mesmo viveu enfrentando todas as circunstâncias aziagas e perversas da Sua época. No entanto, a tranquilidade era a Sua marca, a Sua forma de ser em todas as situações, inclusive, no momento do beijo de Judas, do suplício no poste de Pilatos, da crucificação, no momento da morte e, também, no retorno em júbilo.

Tranquiliza-te e permanece fiel à verdade no trabalho de autoiluminação, como Ele que se deu por amor...

PRECAUÇÕES

    Todo aquele que se conscientiza da sua realidade espiritual, tem por dever imediato assumir o compromisso consciente de viver pautando a existência conforme as expectativas do futuro que o aguarda.

    Informado pela revelação espírita de que todos os atos produzem efeitos equivalentes, nasce a responsabilidade moral em torno da conduta a ser mantida durante as horas terrestres na construção desse inevitável porvir.

    Autoanalisando-se, identifica as imperfeições de que é portador, estorcegando nas suas malhas constritoras, percebendo a necessidade de lograr a libertação de todas elas, uma a uma, sem qualquer conivência ou submissão, precatando-se, desde agora, para a aquisição da paz que lhe está reservada.

estorcegar: apegar, debater

constritor: que comprime

Entre os inimigos mais perigosos e insinuantes que se instalaram no mundo íntimo, tem destaque o egoísmo, esse terrível verdugo dos ideais de aprimoramento espiritual, que comanda áulicos subservientes e cruéis que lhe atendem às ordens sutis ou vigorosas, entorpecendo os melhores anelos do sentimento que aspira pela elevação e pela alegria de viver sem conflitos.

Câncer moral que se transforma em metástase perigosa no organismo social, devora as mais belas expressões da vida de todos quantos o agasalham.

Insensível à vida superior, àquela que faculta o prazer de servir e de amar, de desenvolver as tendências relevantes que se lhe encontram adormecidas, submete ao seu talante com rudeza as suas vítimas, que passam a viver coagidas pela desdita...

Torna-se indispensável, desse modo, um esforço lúcido para diluí-lo, substituindo-o pelo altruísmo, que lhe é o antídoto mais eficiente.

Resolvendo-se honestamente pela mudança de paisagens mentais e morais, o enfermo da alma descobre os benéficos resultados da Generosidade e da Cooperação com as demais pessoas, a alegria imensa que se deriva do prazer de viver conforme os nobres padrões da Justiça, da Equidade, do Bem, arrebentando as algemas que o impediam de voar em direção aos horizontes infinitos.

Lentamente, após conseguir a sua liberação, começa a se precatar contra as sutilezas dos vícios sociais e mentais, da intriga e da maledicência, da agressividade e da violência que antes cultivava sob a desculpa de constituirlhes instrumentos de defesa do *mundo hostil* e de apoio para viver, quando, em realidade, tinham a função de ser um refúgio soturno para escapar dos deveres de elevação.

soturno: oculto, disfarçado

As precauções morais são indispensáveis para uma existência ditosa que se encarregará de programar o futuro além do corpo.

Investir os dias atuais em favor do porvir ditoso é atitude inteligente que não deve ser negligenciada.

O hedonismo imediatista que predomina e dirige a cultura contemporânea, no entanto, impõe-se como o ideal para fruir o prazer e as suas concessões no dia de hoje, sem margem para as contribuições do futuro.

hedonismo: que busca o prazer como único propósito de vida

Irrisão dos instintos primários, porque todo gozo experimentado produz alegria enquanto dura, deixando, logo após, ressaibos de frustração e anseios de repetição contínua.

irrisão: desfrute, excesso

ressaibo: traço, sinal

A esse engodo atiram-se os imprevidentes e materialistas.

anseio: desejo, aspiração

A existência física é sempre de breve percurso e, por mais se prolongue, em relação ao futuro, é sempre rápida...

engodo: engano, cilada

Desse modo, as precauções morais têm urgência no cardápio existencial de todas as criaturas.

*

Acautela-te do mal através de todo o Bem que possas movimentar.

Acautela-te da inveja, reconhecendo que cada qual é fruto dos próprios atos, e não ambiciones o que ainda não conseguiste, não vibrando negativamente contra aqueles que já o lograram.

Acautela-te do ressentimento, compreendendo que se trata de um morbo pestífero que aniquila aquele que o agasalha.

> morbo: defeito, desvio
>
> pestífero: nocivo, contagioso

Acautela-te contra a maledicência, substituindo-a por comentários edificantes que possam ajudar até mesmo aqueles que tombaram em erros graves.

Acautela-te da ira, que responde por transtornos graves na emotividade, trabalhando em favor da desdita pessoal.

Acautela-te do ciúme, adquirindo a segurança necessária à tua existência, no trabalho com Jesus.

Acautela-te contra a ingratidão, que se constitui ferrugem nas engrenagens da tua alma.

Acautela-te da sensualidade e do erotismo, facultando-te o equilíbrio da imaginação e da conduta.

Acautela-te contra a censura, concedendo a quem se encontra equivocado o direito de transitar nessa faixa de evolução.

Acautela-te da agressão mental e moral, evitando a ocorrência infeliz que pode degenerar naquela de natureza física.

Acautela-te da influência dos Espíritos ociosos, infelizes, perversos, que te sitiam a usina mental, cultivando pensamentos de amor e de compaixão em favor do teu próximo.

Todos os seres humanos são susceptíveis de errar, tendo, porém, o dever de se corrigir, de evitar a repetição e de avançar com dignidade pelo rumo novo eleito como roteiro de iluminação e de sabedoria.

Estás na Terra em conserto, em prova ou expiação. Agradece a Deus a oportunidade abençoada, conforme se te apresente, sem lamentações, caso enfrentes dificuldades, nem exigências, caso experimentes carências, realizando o melhor que te esteja ao alcance.

*

Jesus conviveu com a denominada *borra moral* da sociedade, para demonstrar que são os *doentes que necessitam de médicos*, mas não deixou de aceitar a convivência com pessoas dos mais variados e poderosos segmentos sociais e econômicos, de alguma forma, portadores de enfermidades da alma...

Afinal, as doenças morais e espirituais são muito mais graves do que aquelas que se instalam no organismo, procedentes, sem dúvida, do ser interior que se é responsável, portanto, pela sua ocorrência.

Ele realizou todo o ministério para o qual veio, com inefável ternura e incomparável amor, acautelando-se do mal reinante na Terra, permanecendo irretocável em todas as situações.

Pensa nEle e no teu futuro espiritual, iniciando, desde agora, o teu processo de renovação, acautelando-te sempre de toda expressão do mal e dos seus asseclas.

borra: detrito, resíduo, lixo

inefável: admirável

assecla: seguidor, adepto

DEUS BANALIZADO?

𝒜 cultura materialista e hedonista, sentindo-se incapaz de penetrar no insondável da Vida, periodicamente apresenta premissas que se transformam em paradigmas inabaláveis, tentando banalizar Deus e a crença nEle depositada pelas criaturas, denominadas de ingênuas ou ignorantes, incapazes de compreender a presunção das conquistas científicas, incluindo a cibernética e a nanotecnologia transformadas, na atualidade, em seus novos deuses merecedores de homenagens e celebrações.

Reduzindo tudo, inclusive o pensamento, à fantasia de fenômenos químicos, assim como às sinapses cerebrais elaborados pela intervenção do Acaso pensam os materialistas haver reduzido a alma ao capricho desses fantásticos equipamentos.

Acostumados à compreensão de que tudo quanto existe está fixado no tempo e no espaço, não concebem

hedonismo: que busca o prazer como único propósito de vida

a possibilidade sequer, de algo que se encontre noutra dimensão, não circunscrita à localização.

Informando ser a alma o efeito das neurocomunicações, exclusivamente localizada no cérebro, ficam atônitos ante as constantes ocorrências dos pacientes que sofrem paradas cardíacas durante atos cirúrgicos ou não, e que, não obstante anestesiados e com todas as funções cerebrais mortas, quando retornam *ressuscitados,* esclarecem o que presenciaram naquele período, oferecendo provas substanciais da sua percepção extracerebral. Mais particularmente, quando se trata de cegos de nascença, que descrevem o próprio fenômeno da visão de que não tinham qualquer conhecimento.

É muita ingenuidade, para não considerar absurdo, que esses acontecimentos sejam efeito das substâncias alucinógenas ou equivalentes que foram aplicadas nos pacientes.

Experiências igualmente científicas demonstram, a cada dia, o poder da Mente sobre o corpo, inclusive no sistema imunológico, conseguindo produzir a autocura em relação a inúmeras doenças.

Também merecem consideração as viagens conscientes pelo organismo, quando os próprios enfermos detectam as problemáticas nos órgãos desajustados, que são comprovadas após radiografias e tomografias, facilitando os tratamentos cirúrgicos realizados com segurança.

Simultaneamente, os fatos mediúnicos de natureza intelectual e material, trazendo de volta as pessoas desencarnadas com as mesmas características que possuíam antes do decesso tumular, facilmente identificadas pelos familiares e conhecidos, não podem ser arrolados como alucinações ou intercorrências psicopatológicas.

A Mente não localizada vem sendo estudada com cuidados especiais, controlados por estatística computadorizada para subsequente avaliação, por cientistas não menos celebrados, ganhadores do Prêmio Nobel de Física, de Medicina, de Astrofísica...

Como efeito, à medida que se alastra o materialismo que pretende banalizar Deus como objeto da ignorância, da superstição e do fanatismo, presença desnecessária na cultura moderna pelo seu significado obsoleto, apresenta-se respeitável e numeroso grupo de espiritualistas, sem vínculos com quaisquer denominações, absolutamente livres para confirmar que, ao fim das suas pesquisas, Deus os aguardava...

Outrossim, expressivo número de investigadores, depois de palmilharem os complexos roteiros da experimentação em laboratório, confessam que ao atingirem o objetivo, constatando a realidade de Deus e da imortalidade do Espírito, deparam-se com os grandes místicos do passado assim como os do presente, que haviam chegado antes deles aos mesmos resultados através da intuição e da autoiluminação.

*

Até certo ponto é compreensível que essa banalização refira-se ao deus das ortodoxias religiosas, cheio de paixões

ortodoxia: rigidez

e de imperfeições equivalentes aos antigos residentes do Olimpo, com as mesmas características humanas, competindo, ciumentos, uns contra os outros, punindo-se reciprocamente ou libertando-se...

De maneira idêntica, o que tem sido imposto pelas doutrinas que dEle se apropriaram no passado e vestiram-nO com as fantasias e os tormentos dos teólogos que os impuseram à crença medieval sob terríveis ameaças, é credor de menosprezo pela total impossibilidade de corresponder à Sua Realidade...

O Deus cósmico e universal, *inteligência suprema e causa primeira de todas as coisas,* não pode ser interpretado ou compreendido em linguagem teológica assinalada pelo absurdo de algumas das suas colocações.

Um deus, porém, que se envolve nos problemas e comportamentos paradoxais dos seres humanos, facilmente solucionados por meio de pagamento de promessas e doações de moedas terrenas, em outras circunstâncias passando a castigar de forma inclemente aqueles com os quais não simpatiza, perseguindo-os com pragas e desgraças, inclusive, povos inteiros que, por uma ou outra razão, não o reconheçam, não merece consideração...

Além de rancoroso, esse é um negligente quanto aos seus deveres de governante do Universo que relegaria a plano secundário, permitindo as calamidades galácticas e as lamentáveis ocorrências das guerras, da fome, da miséria, ao lado das destruições coletivas decorrentes dos fenômenos sísmicos e outros naturais na Terra mesma...

paradoxal: contraditório

Decepcionados com tais informações ingênuas, essas sim, esses indivíduos ao se libertarem da subserviência e do servilismo que se permitiam, mergulharam no caos do Nada, reduzindo a Natureza e a Vida em seus mais grandiosos aspectos a caprichos incompreensíveis da realidade material.

servilismo: submissão

Esses, que assim se comportam, abandonaram uma postura de submissão irracional para assumirem uma outra de rebeldia igualmente dramática.

Analisassem as ocorrências acerca das origens da vida, do nascimento do Universo há catorze bilhões e duzentos milhões de anos e se perguntariam: e antes, o que havia, assim como depois, havendo um depois, o que existirá?

Qualquer tentativa de submeter o infinito aos limites da finitude, assim como o absoluto às dimensões do relativo, redundará em frustração ou lamentáveis conclusões sem fundamento.

Uma observação singela pode cooperar para o entendimento dessa análise, quando o conteúdo de qualquer vasilhame anele por identificar todo o exterior e dimensioná-lo no tempo e no espaço.

anelar: desejar, aspirar

A relatividade do espaço-tempo já anuncia os limites da percepção, abrindo campo para as reflexões em torno de Deus cujo autógrafo em Sua criação é encontrado na própria Natureza em toda a sua majestade.

Viajando-se na matéria em direção às suas partículas e se tentando nelas penetrar, ir-se-á detectando aquelas menores, quase inconcebíveis, até a energia que se condensa e dá a impressão da sua estrutura aos órgãos dos sentidos.

Desse modo, é perfeitamente válida a preocupação em favor de uma autoanálise, de maneira a se encontrar também o *deus interno,* que necessita ser desvelado a fim de se poder sentir e amar o Criador.

*

Dignifica-te quanto possível, respeitando Deus no relicário do coração e nos sublimes pensamentos que se te transformam em conduta.

Não te permitas com Ele a intimidade dos frívolos, irreverentes uns e fanáticos outros, atormentados por desejos insaciáveis e paixões devastadoras.

Considera-O como Jesus o fazia, nominando-O de Pai, em razão da Sua obra na qual todos nos encontramos.

Demonstra-lhe a tua filiação amando-O e ao teu próximo como a ti mesmo.

AMOR E VIDA

Quanto mais se decantam as bênçãos do amor, ei-lo que se distende em múltiplas direções adquirindo tonalidades fascinantes e desconhecidas, em contínuo convite à beleza e à vida.

No turbilhão das paixões humanas, o amor torna-se meta preciosa a se conquistar a qualquer preço, em razão da sua magia invulgar, como se fosse mercadoria de fácil aquisição, nas manobras da astúcia e da ardileza dos mais hábeis.

Esse amor de ansiedade certamente é transferência de conflito interior que busca realização noutrem, incapaz que se sente de conseguir a autorrealização.

Apresenta-se como anelo de expansão em direção a outra pessoa, sem haver conseguido lenificar-se, autoamar-se.

anelo: desejo, aspiração

Em consequência, o investimento é mínimo, sustentado na utopia de receber o máximo. Essa é uma forma de exteriorizar necessidades imediatas e não emoções de enobrecimento, dando lugar à *morte* do amor. Como qualquer outro negócio, o interessado pensa em aplicar os tormentos que deseja acalmar, na expectativa de recolher resposta compensadora. Trata-se de um dos três aspectos do amor, não da sua função real. Esse sentimento diz respeito ao amor físico, sensual, apressado, que deseja solucionar o desejo. É uma forma de expressá-lo, mas que amadurece no segundo estágio, quando é mental, em imenso anseio de expansão, para culminar no espiritual, em entrega mais profunda, em conexão transcendental, quando é possível fundir sentimentos e desejos nas aspirações do melhor, do belo, da realização superior...

culminar: alcançar

Em seu primeiro estágio, a ansiedade tira-lhe a beleza e esvazia-lhe o conteúdo profundo responsável pelo intercâmbio das emoções, tornando-se frustrante, porque o outro, o ambicionado, também é portador de igual vazio existencial, esperando ser preenchido em suas carências, especialmente as da afetividade. E, se por acaso, encontram-se e unem-se, logo passadas as sensações das necessidades de carícias advêm o tédio, a indiferença e o anseio para o encontro com a *alma gêmea*, elevada e nobre, embora se reconheça sem os mesmos requisitos que espera encontrar fora...

anseio: desejo, aspiração

O amor é o grande desafio existencial, porquanto transcende os limites do desejo, por estimular as emoções elevadas e por anelar pela felicidade do outro, daquele ser a quem direciona o afeto.

anelar: desejar, aspirar

Na segunda fase, existe algum amadurecimento, porque, mesmo trazendo o desejo sexual em forte pressão, alarga-se em volta, ampliando os sentimentos de compreensão e de respeito em que se firma.

Somente quando se alcança o terceiro nível, aquele de natureza espiritual é que se dá conta da sua complexidade, na condição de mensagem de vida, mas de vida abundante conforme enunciou Jesus.

Mais se preocupa, nesse momento, em dar e doar-se do que em receber e se enriquecer.

Desvios de conduta emocional, conceituações equivocadas, ao largo do tempo fizeram do amor que deve viger entre as criaturas um tormento, ao invés de uma bênção.

viger: valer

Antes da sua consumação, tudo são paisagens iridescentes, sonhos delicados, promessas de felicidade. Infelizmente, pouco tempo depois se transforma em algoz que aprisiona o pensamento e as aspirações no outro ou, de maneira diversa, busca asfixiar o ser a quem afirma amar nos caprichos e exigências descabidos.

Ciúme, desconfiança, insegurança instalam-se no relacionamento, avançando para os atritos, o desrespeito emocional, culminando nas agressões de natureza diversa.

*

Pensa no amor e anela por vivenciá-lo como a glória do existir, despindo-te dos equipamentos egoicos para

anelar: desejar, aspirar

te plenificar na harmonia. Se não o conseguires analisa os conteúdos do teu sentimento e refaze aspirações.

O amor acalma, ampara, dá segurança, alegria de viver, sem fazer qualquer tipo de exigência.

Quando gera desconforto e ansiedade, não atingiu o significado de que se reveste. Expressa paixão física de efêmera duração, capricho e anseio turbulento da emotividade, mecanismo de fuga da realidade, transferindo as angústias para a busca de que outrem lhe solucione os problemas.

Quando se ama, todo um processo psicológico desencadeia-se no organismo produzindo equivalentes consequências fisiológicas.

Saúde e enfermidade, além das psicogêneses cármicas, têm no amor ou na sua ausência, ou na sua alucinação em forma de ódio, fatores preponderantes que os desencadeiam.

Isto porque, o amor é possuidor de vigorosa energia que aciona a emotividade, conforme a sua expressão, repercutindo na organização somática de maneira equivalente.

Alergias, enfermidades do trato digestivo, problemas respiratórios e alguns tipos de neoplasias malignas radicam-se no sentimento do amor ausente, na indiferença do amor desvairado, no ressentimento injustificável, no amor perverso em forma de vingança...

Desse modo, é indispensável o treinamento para o autoamor, a fim de se poder vibrar em ondas mais elevadas

anseio: desejo, aspiração

desvairado: fora de si, alucinado

do Cosmo, onde se espraiam as vibrações da Harmonia, do Bem-estar, da Alegria de viver.

É comum a temeridade de se acreditar que através do amor pode-se mudar o outro, o ser a quem se ama, em um comportamento psicológico infantil, como se houvesse uma poção mágica para ser aplicada ao paciente que se compraz no vício, na dependência química ou na de qualquer outra natureza.

Trata-se de um ledo equívoco porque, se antes da embriaguez dos sentidos não ocorreram as mudanças desejadas, depois as possibilidades são remotas e perigosas. Perigosas, no sentido de reverter a problemática em lamentável contaminação do ingênuo que acreditou alterar a conduta do outro sem a necessária resistência para lhe suportar o assédio, tombando em suas malhas soezes...

soez: indigno

Quanto possas, ama, sem as expectativas de retribuição, porquanto ditoso é quem distribui afeto e não aquele que aguarda ser recompensado.

Se parece difícil encontrar respostas retributivas ao amor que ofertas, não te preocupes, seguindo adiante, e o bem-estar por seres aquele que ama enriquecer-te-á de harmonia.

Não te decepciones se amando não receberes correspondência.

O Sol brilha sempre, mesmo quando nuvens carregadas lhe obstaculizam por momentos a irradiação... Elas passam, diluem-se, e ele permanece estuante.

<small>anelar: desejar, aspirar</small>

É natural que se <u>anele</u> por companhia, por formoso relacionamento. Nada obstante, é necessário que cada qual se prepare para ser o que gostaria de encontrar no outro...

Desse modo, o amor no seu aspecto físico de sensualidade ou de erotismo, de prazer ou de ocasião, embora as promessas de compensação, transforma-se em fogo-fátuo depois de vivido.

Se amas em plenitude, é compreensível que os equipamentos orgânicos também participem como consequência, não como finalidade essencial.

*

Na tabela das tuas aspirações coloca o amor em primeira plana, procurando vivê-lo conforme as circunstâncias em que te encontres.

Inicia o teu exercício amando a Natureza, o lar, os objetivos existenciais e as pessoas com as quais compartes os dias.

Descobrirás que o amor é sempre bênção de Deus em benefício da vida.

Amor e vida, portanto, são termos básicos da experiência existencial.

SACRIFÍCIO POR AMOR

Ninguém conhece, e, portanto, não avalia as dores acerbas que te dilaceram a alma, porque não te veem desfilar o rosário das queixas e reclamações comuns em quase todos os comportamentos.

acerbo: cruel

Porque sorris jovialmente e tens sempre uma palavra, um gesto de bondade para oferecer, todos acreditam que a felicidade aninhou-se-te no coração e as preocupações que sempre afligem diluíram-se-te nos painéis do Espírito.

Em razão de possuíres recursos financeiros para uma existência cômoda, fruto do trabalho e da exaustão de atividades, atiram-te pechas, chamando-te de privilegiado e abençoado pelos Céus, como se estivesses usurpando o direito de outrem.

pecha: falta, mancha, nódoa

Muitos que convivem contigo invejam-te a existência e, talvez, inconscientemente, desejam ver-te em situação aflitiva para observarem se manterias o mesmo comportamento.

Silencias dúvidas e anelas por paz, nada obstante trabalhando com afinco e tenacidade, a fim de que a *hora vazia* não te assinale a existência honorável, tornando-te um peso no organismo social.

Ninguém sabe apenas tu, do quanto darias para seres livre, para desfrutares das alegrias das almas simples e descomprometidas.

Se o disseres, bem poucos acreditarão em tua palavra, porque os julgamentos humanos são quase sempre frívolos, superficiais ou caprichosos...

Por mais que faças, procurando servir e amar, atendendo, não poucas vezes, àqueles que te ludibriam com os seus lamentos, recebem tuas dádivas e mantêm-se ingratos, porque sempre desejam mais, anelando pela posse total, naturalmente sem que envidem os necessários esforços para amealhar os recursos.

Pensam que tudo quanto consegues é resultado de facilidades ou de astúcia, de privilégios ou de desonestidade.

Infelizmente, desconhecem os teus sacrifícios por amor, as tuas contínuas batalhas internas para superar as situações afligentes que te maceram, permanecendo em clima de tranquilidade e de gentileza.

Toda obra que se engrandece é argamassada com o suor e as lágrimas daquele que a empreende.

Nenhuma construção digna é resultado do improviso ou da astúcia, exigindo um preço alto de renúncia e de devotamento.

---

anelar: desejar, aspirar

tenacidade: perseverança, persistência

No mundo, nada é fácil, especialmente para quem trilha o caminho da honradez e da austeridade.

austeridade: sobriedade

Ocorre que são bem poucas as pessoas que acreditam nos valores éticos do seu próximo, sempre o julgando conforme a própria conduta, desse modo, pensando que as realizações daqueles que se esfalfam no trabalho e na ação digna sejam apenas aparência e não realidade.

Continua, porém, sorrindo e cantando a honra de conheceres Jesus e Sua doutrina que te constituem o alimento de sustentação da existência, o estímulo para o prosseguimento da jornada e o porto seguro para onde rumas com alegria legítima.

*

Alma querida!

Rogaste a bênção da reencarnação amparada por afetos profundos, e hoje trilhas caminhos juncados de cardos que deves transformar em flores abençoadas a te exornar o comportamento.

juncado: coberto

cardo: espécie de planta espinhosa que cresce em local rochoso

exornar: adornar, enfeitar

As pedras miúdas que te fazem sangrar os pés, enquanto avanças pela estrada da evolução, deverás suportá-las, atritando-as no solo, de modo que percam as arestas pontiagudas que te ferem...

Nas tuas noites solitárias e nas apreensões que te amarfanham os sentimentos, quando os demais estão tranquilos, dormindo, benfeitores do Mundo Maior

amarfanhar: amarrotar, maltratar

acercam-se-te e entoam doces baladas que te acalentam o coração, enquanto as ouves nos painéis do Espírito abnegado.

Nunca percas a alegria de viver, em razão da maldade dos maus, nem permitas que algumas nuvens sombrias e teimosas dos testemunhos empanem a claridade da tua jornada de iluminação.

empanar: ofuscar

Renasceste para transformar lágrimas em sorrisos, para socorrer os infelizes de todo porte onde quer que se encontrem, de modificar as paisagens tristes e enfermiças em santuários de ternura e de beleza.

Não te aflijas, portanto, em demasia, sempre confiando em Deus, que jamais te desampara.

As dores te alcançam, porque ninguém transita no abençoado Planeta terrestre em regime de exceção, sem o contributo do sofrimento nem a dádiva do amor.

Existem, sim, aqueles que aparentemente não experimentam aflições nem provações, porque se encontram anestesiados pela ilusão ou desintegrados na alienação mental, havendo perdido a lúcida faculdade de pensar.

Continua desse modo, sorrindo, alma generosa!

Todas as tuas íntimas inquietações lentamente serão transformadas em condecorações luminosas que te destacarão como servidor das hostes do Cristo a serviço da renovação do mundo em Seu nome.

Não te detenhas a examinar o curso dos acontecimentos, pensando em teres diminuídas as resistências necessárias para o percurso.

A longa via que deves percorrer aguarda-te serena e atraente.

Avança, passo a passo, edificando o Bem e amando até mesmo aqueles ingratos, porque a tua alegria transforma-se em canção, toda vez que ofertas bondade e amor, embora com sacrifício.

O largo percurso da evolução exige decisão firme e coragem para os enfrentamentos.

Tu sabes quanto necessitas para atingir os altos cimos da plenitude. Não descoroçoes, portanto, no labor da autoiluminação.

descoroçoar: desencorajar, desanimar

Porfia nos compromissos elevados, entoando o hino de gratidão a Deus por todas as dádivas com que te tens enriquecido.

porfiar: perseverar

Em uma sociedade em que todos ambicionam receber e ganhar, sê tu aquele que reparte e que educa, que orienta e que distribui amor, até mesmo nas situações mais difíceis e desafiadoras.

Enquanto te aprimoras na ação da caridade e ascendes rumo ao infinito, sem dúvida, um hinário de júbilo ergue-se da Terra louvando-te a trajetória formosa e rica de bondade.

hinário: coleção de hinos

A distância ou bem perto do teu coração há *testemunhas* que te seguem, que te vigiam e que te amam, agradecendo a Deus a tua valorosa existência.

*

Quando o amor atinge a culminância, o que representa sacrifício transforma-se em plenitude.

O Calvário de Jesus, assinalado pelos sofrimentos, tornou-se a véspera da madrugada rutilante da Sua ressurreição gloriosa.

Contigo dar-se-á o mesmo.

ANTE OS FLAGELOS DESTRUIDORES

Com frequência a sociedade enfrenta os flagelos destruidores que assustam, gerando sentimentos controvertidos de sofrimentos e de revoltas, de ansiedades e de pavor, de insegurança e de desespero.

Normalmente, esses flagelos apresentam-se como inundações, terremotos e tufões, vulcões e tornados, incêndios vorazes e tsunamis que ceifam a vida de vítimas incontáveis, deixando terríveis rastros de desolação, produzindo transtornos de toda ordem.

voraz: destruidor

No passado, não muito distante, associavam-se-lhes as epidemias, ora relativamente controladas, e a fome, derivada das pragas que devastavam as plantações e das secas prolongadas, embora ainda permaneça na Terra essa terrível e vergonhosa calamidade que humilha a cultura, a civilização e a ética das nações...

Não se podem esquecer as guerras com todas as suas terríveis consequências, demonstrando o atraso moral em que se encontram as criaturas e o alto índice de crueldade em que transitam.

Mais recentemente, podem-se incluir os atos perversos do terrorismo em todos os seus aspectos, especialmente por meio das ações alucinadas dos fanáticos religiosos e políticos que se autodestroem, desde que, mediante o gesto de absoluta ausência de raciocínio, possam destruir outras vidas...

Anteriormente, não se tinham ideia exata dessas ocorrências infelizes, porque as dificuldades de comunicação impediam que fossem tomados conhecimentos das suas tragédias e dos detalhes ignominiosos em que se apresentavam.

ignominioso: indigo, vergonhoso

Na atualidade, porém, graças aos veículos de comunicação de massa e à cibernética, podem-se acompanhar-lhes as manifestações aparvalhantes enquanto as mesmas estão sucedendo, participando-se das aflições inimagináveis de suas vítimas totalmente impossibilitadas de serem socorridas.

aparvalhante: atrapalhado, desorientado

Ademais, por terem caráter desolador, quase sempre sucedem simultaneamente em várias partes da Terra, quais sejam as inundações, os incêndios, os tsunamis e outros de igual ou mais grave porte.

Acidentes de todo tipo, alguns deles resultantes da imprudência humana, surpreendem, especialmente nos denominados fins de semana prolongados, como resultado do alcoolismo, do cansaço, da insensatez e da irresponsabilidade da grande maioria de suas vítimas.

Concomitantemente, a violência urbana transformou-se em flagelo tenebroso, dando lugar a um obituário assustador, que assinala o primarismo em que estertoram numerosos, incontáveis seres humanos.

estertorar: estagiar, afligir

Quando se tratam dos fenômenos sísmicos, das forças vivas da Natureza em desequilíbrio, o impacto é devastador nas comunidades vitimadas, não somente em razão do fenômeno destruidor, mas também das consequências desditosas que se alastram e se demoram nos sobreviventes.

Bem poucos deles conseguem dar prosseguimento à existência harmônica, pois que as sequelas dos desastres, as incertezas em torno da existência, as angústias derivadas dos acontecimentos infaustos, os pavores que permanecem assinalam-lhes de tal forma o comportamento, que prosseguem vivendo sob os camartelos da saudade, do sofrimento, das aflições malcontidas.

camartelo: punhalada, golpe, estocada

Muitas vezes, acusam-se as autoridades negligentes que poderiam ter tomado providências preventivas ou posteriores que minimizassem os danos psicológicos, morais, econômicos e sociais...

Comprometendo-se em assumir responsabilidades imediatas durante as tragédias, essas pessoas irresponsáveis, logo transcorrido algum tempo após o horror, relegam os compromissos a planos secundários até quando os desastres voltam a suceder, anualmente, em períodos cíclicos.

*

Por outro lado, fatores sociológicos e econômicos empurram os pobres para as áreas de perigo onde constroem os seus barracos sob riscos previsíveis de tragédias com as quais se acostumam por absoluta falta de recursos para evitá-las.

Esses flagelos, que decorrem da Natureza, comovem a sociedade aturdida ante os mesmos, e poderiam ser evitados, em expressivo número, graças às conquistas da Ciência e da Tecnologia que os prevê com alguma antecedência, facultando a tomada de providências específicas. Nada obstante, repetem-se, cansativamente, tornando-se triviais e fazendo parte das estatísticas que os classificam quais aqueles que produziram danos mais graves e número maior de vidas arrebatadas.

No primeiro momento, produzem comoção e despertam a solidariedade de todos, o que oferece um significado de dignificação para o ser humano. Entretanto, também revelam a hediondez dos exploradores, dos bandos de criminosos que se aproveitam das angustiantes circunstâncias para se locupletarem com a miséria do seu próximo, agredindo, roubando, desviando os auxílios que lhes são encaminhados...

O mesmo ocorre com muitas autoridades que recebem ajudas internacionais e de particulares, objetivando socorrer as vítimas e as desviam para suas contas bancárias em paraísos fiscais ou para administradores ignóbeis que fazem parte de seus grupos políticos e de simpatizantes.

Torna-se patética a situação e paradoxal, porquanto, diante da dedicação e do sacrifício dos heróis que salvam

---

locupletar:
tirar proveito, saciar

ignóbil:
sem nobreza, deprezível

paradoxal:
contraditório

vidas sem preocupação com a própria, esses aproveitadores perversos mais lhes aumentam as aflições, gerando ódio e desejos de vingança.

Tal comportamento atesta a carência de amor e de respeito humano que existe no mundo, assim como a necessidade de mais abnegação de todos aqueles que sentem o dever de auxiliar.

Os flagelos destruidores, porém, são efeitos das Leis da Vida, necessários para a renovação das expressões da evolução, apressando as mudanças que se devem operar sob os desígnios divinos.

Espíritos, gravemente comprometidos com a ordem e o dever, sintonizam uns com os outros e se reúnem em lugares onde as destruições irão ocorrer, desse modo resgatando os crimes hediondos cometidos contra a Humanidade em reencarnações anteriores e que lhes pesavam na economia moral.

Não existindo o acaso, as Divinas Leis elaboram programas de expurgo e de purificação para os infratores que necessitam da experiência dolorosa a fim de se reajustarem no conjunto espiritual.

O fenômeno da morte faz parte do processo da vida, não tendo importância maior a maneira como venha a ocorrer.

O significado mais expressivo é a atitude de cada qual diante da ocorrência infausta ou esperada, que lhe proporciona o autoaprimoramento e a consciência do dever perante o progresso moral.

Nada, porém, que justifique a violência provocada pelo ser humano perverso, uma vez que a lei de destruição sempre alcança todos aqueles que se lhe encontram programados para sofrê-la.

Ante a impossibilidade de serem evitados alguns flagelos sísmicos e acidentes coletivos, deve o ser humano obstar a onda de insanidade que domina a civilização, contribuindo em favor da harmonia geral com aquilo que possua, esforçando-se para se automodificar, evitando as emissões mentais deletérias que aumentam as tragédias do cotidiano.

Pequenos exercícios de solidariedade, de compaixão, de bondade, de gentileza criam condições favoráveis à paz, diminuindo a incidência dos crimes e da alucinação em predomínio no mundo.

obstar: impedir

*

A repetição dos flagelos destruidores de todo porte culmina em fenômeno natural, permitindo que os indivíduos com eles se acostumem, em mecanismo natural de sobrevivência, ficando-lhes indiferentes com o passar do tempo.

Por outro lado, podem gerar mais egoísmo em alguns outros, que se cuidarão, poupando-se a qualquer tipo de sofrimento, atirando-se ao prazer que desejam fruir, mesmo quando haja desespero e grandes amarguras em sua volta.

Acautela-te interiormente, em relação à indiferença no que diz respeito aos sofrimentos do próximo hoje, porque pode ser que ele signifique o teu amanhã.

Faze todo o Bem pelo prazer de ser fiel à Vida, ocorram ou não flagelos destruidores, porque uma das maiores desditas para o ser humano é ter enregelado o sentimento e ser incapaz de amar.

enregelado: congelado

COM ESTOICISMO

estoicismo: austeridade, firmeza

O verdadeiro sentido psicológico da existência na Terra é o encontro com a consciência plena através da mente esclarecida e do sentimento harmônico de paz.

Insistir-se no trabalho interno de preservação da harmonia constitui o grande desafio existencial, especialmente considerando-se a azáfama tormentosa que conduz aos desvios dos objetivos saudáveis e relevantes.

azáfama: agitação, turbulência

Não raro, a inquietação, desse momento, decorrente da falta de reflexão, faculta o surgimento de compromissos que não se encontram na pauta dos deveres pessoais, gerando situações complicadas para o futuro.

Detivesse-se o indivíduo em análise cuidadosa das próprias possibilidades, assim como das alternativas proporcionadas pela jornada humana, e mais facilmente seria a eleição das condutas compatíveis com a sua evolução.

O tempo-sem-tempo da atualidade faz com que as pessoas atulhem a mente com preocupações secundárias e vazias de sentido em detrimento dos legítimos significados existenciais.

A falsa necessidade de se acompanhar todos os acontecimentos globais, participando da sementeira da futilidade e das tragédias do cotidiano, vem empurrando o ser humano para os abismos do estresse, do medo, decorrentes da ansiedade por tudo desejar, assim como do amortecimento dos interesses elevados em relação ao próximo e a si mesmo.

Na desenfreada correria em busca do exterior, o vazio interior instala-se, enquanto vergasta a emoção com os tormentos da angústia, da insatisfação, da perda dos objetivos pelos quais se deve lutar.

vergastar: maltratar, judiar

Há escassez de tempo e de tranquilidade para a autoanálise, para a avaliação das legítimas necessidades emocionais na viagem do autoencontro.

A inquietação, a insegurança que se avolumam sob vários aspectos, as ambições do *ter* e do *poder* aturdem o indivíduo e levam-no ao desfalecimento e ao derrotismo, proporcionando-lhe o tombo infeliz na depressão.

Em face desses fatores de perturbação a indiferença e o cansaço dão-se as mãos e o automatismo das atividades rouba o colorido defluente do prazer idealístico, enriquecedor.

viço: vigor

O trabalho, antes estimulante e cheio de viço, proporcionando as emoções confortadoras torna-se causticante, monótono, destituído de significação superior, abrindo espaço para a instalação do tédio, da amargura...

O pessimismo que consome os mais fracos, lentamente contamina os menos resistentes e avança em direção aos fortes, na condição de morbo perigoso.

morbo: padecimento

É necessário que te mantenhas em atitude estoica em relação a essas ocorrências, preservando a coragem da fé e o entusiasmo na luta.

estoico: austero, firme

Inevitavelmente, a existência física é um aprendizado de longo e exaustivo curso, sob todos os aspectos considerada. Desse modo, os conflitos internos que ressumam do passado ou que se originam no presente, quando, periodicamente, pareçam dominar as tuas ações, diminuindo-te o ardor, o entusiasmo necessário à vitória, analisa-os com tranquilidade e dilui-os, um a um, com a lógica e a razão, sem irritação nem desequilíbrio de qualquer natureza.

Por outro lado, quando esse fenômeno ocorrer, desajustando-te, busca o reforço divino por meio da oração e mergulha o pensamento nas augustas fontes do Excelso Amor.

Se procederes desse modo, superarás as situações conflitivas e seguirás em paz.

*

Narra-se que Gerson, chanceler merovíngio, enunciou, oportunamente, que *Deus, em nossa vida, olha mais para os advérbios do que para os verbos.*

merovíngio: adjetivo relativo à dinastia francesa iniciada pelo rei Franco Meroveu

É compreensível que assim seja, porque os verbos expressam ações, enquanto que os advérbios informam o modo como as ações são praticadas.

A Divindade considera mais o modo enobrecido com que as ações são praticadas do que elas em si mesmas.

Não são poucas as ações dignas que se apresentam em expressões agressivas, em formas primitivas, perdendo em significado tudo quanto desejariam em realização.

Se alguém oferece um diamante atirando-o na face do outro, o gesto que fere e surpreende produz sentimento reacionário, mas se o envolve em tecido delicado ou o coloque em um invólucro bem-elaborado, antes de ofertá-lo, produz alegria, entusiasmo, gratidão.

Há pessoas que acreditam no poder da oração, não se preocupando, porém, com a forma de se expressar. Algumas fazem as suas preces mediante automatismos verbais, mentais, sem vinculação emocional com as palavras, nem mesmo com a unção de que o ato deve revestir-se.

Desse modo, os advérbios que enobrecem e dignificam têm por objetivo embelezar as ações.

É importante, sem dúvida, atuar-se, realizando o trabalho do Bem, sem quaisquer fronteiras impeditivas, responsáveis pelas paixões inferiores. A maneira como se deve realizá-lo, atribuindo qualificação emocional superior, constitui o melhor recurso para se lograr o êxito em uma existência desafiadora.

O mundo está referto de idealistas que apresentam o seu pensamento, agindo dentro de suas formulações. Apesar

referto: cheio, repleto

disso, a qualidade secundária e perturbadora do mesmo tem facultado o surgimento de filosofias derrotistas e asselvajadas, de violência e de astúcia, de incredulidade em Deus e de erotismo, de agressividade e de drogadição que assolam todo o Planeta, dando lugar a sofrimentos inenarráveis.

asselvajado: rude

Torna-se inadiável uma revisão de comportamento íntimo, em relação aos valores abraçados.

A releitura da conduta no tecido social soberbo e enganoso dos dias atuais torna-se de caráter urgente.

Quando a ciência ameniza a dor de um jaez em vitória incontestável, o sofrimento ressurge com outras características, e este século que se propunha a se tornar a *Era de Ouro* da Humanidade ainda prossegue envolto em brumas afligentes e expectativas danosas.

jaez: classe, categoria

Que se tem feito da lição incomparável das bem-aventuranças, no que diz respeito à sua aplicação no dia a dia da existência terrena?

Qual a conduta cristã diferenciada daqueloutras extravagantes e doentias?

Certamente, o amor prossegue em seu messianato, porém calçado com sandálias de veludo, a fim de não chamar atenção, enquanto a extravagância e a permissividade alardeiam em trombetas as suas mensagens infelizes, aplaudidas e aceitas.

Prossegue, tu, porém, com estoicismo e valor, vivendo a crença que te libertou da ignorância e do primarismo.

estoicismo: austeridade, firmeza

Não importa que sejas *uma voz que clama no deserto*. Logo mais, outras vozes unir-se-ão à tua e a canção da imortalidade será entoada em toda a Terra.

A vida seleciona sempre o melhor entre qualidade e quantidade.

Faze-te exemplo, mesmo que contestado ou não considerado pelos teus contemporâneos. Isso não é importante, mas significativa é a tua maneira de viver e ensinar pelos verbos e advérbios.

*

Jesus, embora sendo a Estrela Polar que veio à Terra apagar a escuridão da ignorância, não encontrou a merecida ressonância no Seu tempo, nem mesmo hoje, mas assinalou a Sua passagem de maneira iniludível, iniciando, estoico, a Era do Amor que em breve há de se instalar no mundo.

Faze, pois, como Ele, e avança confiante rumo à autoiluminação.

> estoico: austero, com firmeza

FIDELIDADE ATÉ O FIM

A *patética* existencial humana ora se caracteriza pela expressiva eclosão dos sofrimentos que tomam conta da sociedade terrestre.

> patético: de caráter dramático, trágico

Jamais houve tão expressivo número de aflições na Terra, neste momento, sob tormentos sucessivos, variando em profundidade e significação.

Vaticinou-se para este primeiro quartel do Terceiro Milênio a chegada à Era da paz e do amor, assinalada pela vitória do Bem e pelo triunfo dos sentimentos nobres...

Acreditou-se que o sonho de felicidade seria concretizado de forma algo maravilhosa e as pessoas se ajudariam em júbilo, amparando-se umas às outras.

Cantaram-se hinos de louvor ao amanhecer dos novos tempos em euforia quase mágica.

A realidade, no entanto, tem sido outra, bem diversa da dos sonhadores e dos entusiastas da *flor e do amor*.

Sucede que o processo da evolução histórica em seu ponto de vista moral tem sido lento, assinalado por trágicas e perversas ocorrências.

No passado, eram os fenômenos sísmicos, a fome, as epidemias devastadoras que ceifavam milhões de existências, a ignorância total, deixando o rastro de desolação e de desespero entre os sobreviventes.

À medida que foram superadas as tremendas enfermidades, graças às inestimáveis conquistas da ciência e da tecnologia, porque persistiram os mesmos comportamentos humanos alienados, imediatistas e cruéis, outros padecimentos passaram a afligir as criaturas, trabalhando-lhes os *metais* do caráter, a fim de amoldá-los aos programas da dignidade, do amor e do dever.

As modernas técnicas de comunicação em massa, assim como as de natureza virtual surpreenderam o ser humano despreparado moral e emocionalmente para salto expressivo como esse, que se vem utilizando dos preciosos recursos, invariavelmente para fins ignóbeis, embora as nobres exceções.

A onda avassaladora do prazer, após exaurir os seus desfrutadores, insensatos alguns, abre espaço para os esportes radicais, as aventuras excitantes e perigosas, as emoções exageradas, com o objetivo de proporcionar novas e inusitadas sensações que exaltam o ego enfermiço, exibindo os troféus da ilusão...

O desvario sexual, mediante o erotismo desgastante, empurra o indivíduo para a busca do poder, dando lugar à

ignóbil: sem nobreza, deprezível

desvario: delírio

violência que entenebrece o século das aquisições intelectuais e tecnológicas, sem o compromisso ético-moral que se faz indispensável.

Por efeito, em todo lugar o desespero homizia-se, gerando distúrbios inomináveis.

Os valores da dignidade escasseando tornaram o indivíduo banalizado, desconfiado, inseguro, insensível, desnorteado... Todas essas mentes em desalinho, conduzidas pelo egoísmo exacerbado, geram uma psicosfera mórbida e tóxica, que interfere nos processos de acomodação das placas terrestres, assim como dos demais fenômenos do Planeta que estrugem, destrutivos...

Jesus referiu-se a esses lamentáveis acontecimentos quando enunciou o seu célebre *Sermão profético*, conforme se lê em Marcos 13, assinalando que somente a interferência do amor do Pai evitaria o pior...

entenebrecer: obscurecer

homiziar: abrigar, esconder, tomar acento

psicosfera: atmosfera psíquica

mórbido: débil, insalubre

estrugir: estremecer

*

... E as criaturas humanas permanecem anestesiadas no engodo, indiferentes aos acontecimentos afligentes, preocupadas exclusivamente com os interesses pessoais, sem se darem conta de que qualquer acontecimento que tenha lugar no Planeta com alguém, se prolongará, alcançando-as inexoravelmente.

Não existe mais distâncias físicas que não sejam transpostas, nem emocionais que não se fundam umas às outras.

engodo: engano, cilada

Todos fazem parte do mesmo conjunto e qualquer distúrbio em uma área de imediato irá afetar a outra mais próxima, e sucessivamente...

Desse modo, nesse turbilhão de aflições, também te encontras situado. Ninguém há que permaneça indene à lamentável ocorrência do sofrimento neste momento terrestre.

> indene: ileso, que não sofre dano

Tem-se a impressão de que uma loucura generalizada tomou conta do mundo. E com razão. Confundem-se as duas populações, a física e a espiritual, do mesmo nível evolutivo em uma conturbação dolorosa.

Obsessões individuais e coletivas multiplicam-se, a cada dia mais voluptuosas e devastadoras.

> voluptuoso: prazeroso

A serenidade, o equilíbrio ante as decisões, a afetividade enriquecedora não encontram áreas para se expandir, cedendo lugar à agressividade, às ambições descabidas, às paixões subalternas.

Irrompem as lutas, os conflitos externos e internos, os desassossegos, os desencantos emocionais, o desinteresse pela existência física...

Nesse tremendo caos de natureza emocional e espiritual não te permitas o desequilíbrio.

Preserva a tua serenidade a qualquer preço, seja qual for a situação em que te encontres ou que se te apresente.

Convive com a circunstância perturbadora, sem te facultar a severa contaminação destrutiva.

Tens como reservas de forças os ensinamentos de Jesus, e sabes que esta é uma situação transitória, embora se prolongue por algum tempo ainda...

Afeiçoado à oração, acende a prece nos painéis da mente, a fim de que brilhem o amor e a misericórdia em tua jornada, apontando rumos.

Certamente, sofrerás como é natural, mas dispões dos equipamentos sublimes da fé que te induz à caridade libertadora, estimulando-te a ajudar sem discriminação nem revolta.

Contempla a rude tragédia do cotidiano, contribuindo com a tua paz assentada na confiança irrestrita em Jesus.

Faz-se necessário que perseveres fiel ao Amor até o fim dos teus dias na Terra, no formoso esforço da autoiluminação.

Por mais longa se te apresente essa noite assinalada pelos pesadelos da cultura enlouquecida pelo ateísmo, pelas veleidades de conduta em desalinho, passarão as horas tenebrosas e raiará a madrugada de bênçãos pela qual anelas.

A intensidade da treva é correspondente aos distúrbios da sociedade que, cansada de sofrer, cederá ao apelo do Mestre, voltando-se para o Bem e a Verdade.

Não haverá alternativa, senão a construção da paz interior e o esforço pela conquista da própria consciência.

ateísmo: doutrina que nega a existência de Deus

veleidade: capricho, vaidade, extravagância

anelar: desejar, aspirar

*

Não temas, nem te deixes afligir demasiadamente.

Somente serás alcançado pelo que necessitas no teu processo de evolução.

Por mais se agigantem as aberrações, preserva-te nas atitudes éticas, nos compromissos dignos, desincumbindo-te dos deveres que te dizem respeito.

... E mesmo que a morte te ameace a existência, mantém-te tranquilo, porque viverás fiel até além, muito além do corpo...

CRENÇA NA IMORTALIDADE

Quando a crença na imortalidade do Espírito é legítima, ocorre uma profunda mudança no indivíduo, que se ilumina pelo conhecimento libertador.

Tudo quanto antes se afigurava de maneira imediatista ou se fazia portador de um significado psicológico mais superficial altera os seus conteúdos para se agigantar em sentido existencial profundo, que tem a ver com a perenidade do ser e todos os efeitos do seu comportamento.

Reconhecendo-se que toda ação dá lugar a uma reação correspondente, a certeza da sobrevivência à morte biológica induz a uma visão de profundidade em torno da caminhada evolutiva, identificando-se nas heranças ancestrais os diversos períodos do processo, que deixaram as marcas poderosas da sua experiência.

Quando a cultura pessoal mantinha as convicções materialistas ou a indiferença em torno da vida-depois-da--vida, as metas buscadas estavam sempre próximas e, após alcançá-las, advinha o tédio, a perda de sentido, porque não mais havia estímulos para continuar na faina a que se adaptara.

É comum, nesses casos, muitas das ambições serem conseguidas e logo depois de fruídas desaparecerem, deixando o vazio existencial em lugar da ansiedade e do afã que se constituem motivações para as lutas.

Não raro, as pessoas que atingem o topo de suas necessidades ou especulações perdem os impulsos de continuação do esforço, por já não haver razão lógica para a aplicação de tanto empenho.

Como ninguém vive em segurança emocional sem um objetivo, especialmente relevante, tombam-se ao buscarem os prazeres exaustivos, invariavelmente derrapando-se no uso de drogas químicas responsáveis por alucinações e desvarios, buscam-se as exigências do sexo desvairado, empanturram-se de alimentos de difícil digestão, entregam-se ao alcoolismo, ao tabagismo, e o pensamento em desalinho ensombrece-se, facultando a instalação de enfermidades perturbadoras...

O ser humano é construído para a ação contínua e o seu pensamento deve sempre estar ativo, cultivando ideias dignificantes, construtivas, que o envolvam em ondas de harmonia e de saúde.

Os devaneios e fugas psicológicas são responsáveis pelas aberturas vibratórias que proporcionam a sintonia com

faina: trabalho contínuo, lida

desvario: delírio

desvairado: fora de si, alucinado

ensombrecer: ofuscar, sombrear

os Espíritos inferiores, esses que se comprazem em gerar desarmonias interiores, transformando-se em obsessões de longo curso.

Constata-se, então, que grande parte da mole humana transita entre anseios absurdos e tédios injustificáveis, contribuindo para a insatisfação que toma conta da sociedade hodierna, dando lugar aos desaires coletivos e de amplas proporções obsessivas.

As metas materiais mui facilmente podem ser alcançadas, mas depois de conseguidas perdem o impacto do interesse mantido, produzindo desencanto... É nesse momento que chegam a maturidade física, a velhice e as reflexões que se perdem em amarguras, lamentando-se o tempo que foi aplicado para amealhar valores que não preenchem os vazios do sentimento, nem se encarregam de produzir harmonia interna.

A própria figura da morte torna-se mensageira de devastação pela perspectiva do aniquilamento da vida, por consequência, pela total falta de sentido existencial.

Quando, porém, se tem convicção a respeito da imortalidade do Espírito, a esperança está sempre presente e qualquer tipo de programação não se encerra na etapa da consumpção biológica.

anseio: desejo, aspiração

hodierno: atual

desaire: escândalo, contratempo

consumpção: esgotamento, destruição

*

Há indivíduos que afirmam acreditar na sobrevivência da vida após o túmulo. Entretanto, os seus atos desdizem completamente a assertiva. Isto porque, vivem como se nunca lhes terminasse o périplo carnal, ou se permitem comportamentos esdrúxulos em relação à crença, como a irresponsabilidade moral, as condutas não compatíveis com a boa ética recomendada pelo Evangelho de Jesus, as atitudes agressivas e vingativas...

périplo: trajeto, percurso, jornada

esdrúxulo: extravagante, fora do comum

A crença na transcendência da vida impõe, sem dúvida, responsabilidade em todos os momentos da existência corporal.

Os pensamentos obedecem a um programa edificante, tendo em vista o desenvolvimento intelecto-moral do indivíduo. Logo, os seus são atos saudáveis, evitando as pequenezes muito comuns das pessoas atormentadas ou inquietas.

Uma grande serenidade toma-lhe conta, porque sabe que avança em direção à pátria de onde veio e para onde retornará, conduzindo os valores que amealhe durante a laboriosa caminhada humana.

Torna-se capaz de suportar as vicissitudes, por mais angustiantes e desafiadoras que se apresentem, entendendo que somente lhe acontece aquilo que virá contribuir em favor de sua edificação espiritual, porque o mundo não se encontra à matroca, mas é dirigido pelo Excelso Nauta Jesus...

matroca: desorientado

A resignação encontra-se ao lado da coragem para os enfrentamentos, nunca se evadindo dos compromissos assumidos perante a vida, a fim de que não se transforme em peso na economia moral da sociedade, ante, porém, alguém que contribui em favor do progresso de todos.

Reveste-se de paciência em relação àqueles que se fazem percalço no desenvolvimento dos outros, assinalados pela agressividade e malquerença, sempre criando embaraços e problemas. Compreende que não são maus, mas que se encontram enfermos da alma ou se demoram nas faixas mais primárias da evolução, procurando ajudá-los ao invés de rechaçá-los com os mesmos instrumentos de agressividade.

rechaçar: repelir

Jamais se permite abater quando lhe chegam as provações necessárias ao avanço espiritual, mantendo a alegria de viver e de servir, o que lhe não impede os momentos de maior tensão ou tristeza, aflição ou ansiedade...

Está sempre disponível para as realizações dignificantes, tornando-se companheiro devotado de todos os momentos junto aos trabalhadores do Bem e da Verdade, servidor enobrecido que se transforma pelo seu exemplo de abnegação.

Embora haja mulheres e homens honoráveis que ainda não consigam acreditar na sobrevivência espiritual, portadores de excelente conduta, caso viessem a descobrir essa realidade, entregando-se-lhe, poderiam oferecer um contributo mais amplo e grandioso do que esse que eles estão ofertando à Humanidade.

A crença na imortalidade proporciona metas próximas e remotas, ampliando ao infinito os horizontes e as expectativas do ser humano, que se enobrece pelo Bem e se liberta das paixões perturbadoras que afligem a maioria.

Encontramos desse modo, em todos os segmentos da sociedade, aqueles que não creem e são nobres, assim como aqueles que afirmam acreditar na imortalidade e, no entanto, não se facultam o crescimento moral tendo em vista o futuro que lhes aguarda.

*

O Espiritismo, demonstrando a continuidade da vida depois da disjunção molecular do corpo somático, contribui de maneira eficaz para a construção de uma sociedade mais razoável, mais lúcida quanto aos seus deveres, mais fraternal.

Demonstrando que a reencarnação é oportunidade de refazer experiências malogradas, adquirir novos conhecimentos, desenvolver as aptidões adormecidas, limar as imperfeições morais favorece a alegria infinita do discernimento lógico e da oportunidade de adquirir a plenitude, a harmonia interior que estimula o crescimento em relação aos valores eternos.

> malogrado: malsucedido, fracassado

CRIANÇAS DE UMA NOVA ERA

Indiscutivelmente, vive-se na Terra o momento da grande transição planetária, onde as ocorrências dolorosas, os desastres coletivos, as tragédias do cotidiano, as contínuas ondas de violência e os descalabros de toda ordem chamam atenção de todos, apresentando momentos terríveis de aflição e de sofrimentos.

Os denominados *sinais* dos decantados *fins dos tempos* estão presentes na civilização hodierna convidando os seres humanos às reflexões profundas, impondo-lhes a necessidade de mudança para melhor no comportamento moral e emocional.

> hodierno: atual

Além das alterações que sucedem coletivamente na sociedade, outras mais sutis, no entanto, não menos preocupantes, estão presentes nestes dias aguardando atenção dos estudiosos: pais, psicólogos, educadores, sociólogos, religiosos e todas as pessoas interessadas na construção da sociedade feliz do futuro.

Acompanhando o inevitável processo das reencarnações, pode-se constatar facilmente a presença de uma nova geração de Espíritos que se encontra no Planeta em condições surpreendentes, fora do habitual. Aqui se encontra, a fim de preparar a grande transição que vem tendo lugar lentamente, de modo que o Planeta mude de estágio evolutivo, conforme a assertiva de Jesus, em sua memorável mensagem do *Sermão profético,* conforme narrativa de Marcos no capítulo XIII, versículos 1 a 32.

Facilmente, se pode identificar esses Espíritos que constituem a *geração nova,* a que se refere Allan Kardec em *A Gênese,* no item 27 do capítulo VIII, elucidando as emigrações e imigrações programadas para que ocorra a grande e inevitável mudança de evolução.

De igual maneira que os Espíritos progridem, também os mundos, as suas moradas transitórias elevam-se, proporcionando os fatores mesológicos necessários ao seu desenvolvimento intelecto-moral.

A *lei de destruição*, bem pouco compreendida pelos seres humanos é o mecanismo de que se utiliza a Divindade para a grande revolução que sempre ocorre, sendo através das alterações, às vezes, dolorosas para as criaturas, o meio eficaz para que se operem as grandes transformações morais e espirituais.

Observa-se, no Planeta terrestre, na atualidade, mais do que noutros períodos os sinais próprios dos acontecimentos previstos e programados, especialmente no que diz respeito aos valores éticos e morais, às convulsões

---

mesológico: que diz respeito às relações entre seres vivos entre si e com o meio ambiente em que vivem

sísmicas, às mudanças que se produzem em muitos países com alterações profundas em seu arcabouço econômico e financeiro, assim como às guerras desencadeadas para manter o predomínio, dando lugar ao seu declínio. Enquanto isso ocorre, outros, os denominados países emergentes, crescem e se desenvolvem, a fim de terem oportunidade de produzir novas culturas, nova civilização.

arcabouço: estrutura

Simultaneamente, a onda de loucura e obsessão que assola a Terra faz parte da transição planetária, quando os Espíritos que tentam obstaculizar o processo evolutivo são removidos para outros planos, de modo que as dores sejam diminuídas e o tempo menos prolongado.

assolar: devastar, aniquilar

*

O processo da evolução é inevitável e faz parte dos Divinos Planos a respeito da vida.

Desde que criado *simples e ignorante,* o princípio espiritual evolui por meio das sucessivas reencarnações, adquirindo complexidades e conhecimentos, que se expandem do íntimo, onde se encontra gravada a essência da qual procede: Deus!

Proporcionar, portanto, o desenvolvimento do *Deus interno*, é o objetivo sublime dos renascimentos corporais, por ensejar as oportunidades de aplicação dos valores antes adormecidos na conquista da plenitude.

É compreensível, portanto, que o ser angélico de hoje tenha passado pela fieira dos renascimentos corporais, desde as fases mais primitivas até o estágio em que se encontra.

Os atuais guias da Humanidade estiveram nos primórdios da sua vida nas experiências primárias que lhes facultaram o desdobrar dos tesouros transcendentes da evolução.

De igual maneira, aqueles que hoje transitam em dificuldades espirituais e morais, através do burilamento logrado nas experiências reencarnatórias, alcançarão também a elevada posição dos anjos tutelares atuais. Não foi por outra razão que o Mestre de Nazaré elucidou com ênfase, *que nenhuma das ovelhas que o Pai Lhe confiou se perderia*, adindo, oportunamente, porém, *que ninguém entraria no reino dos Céus sem pagar a dívida até o último centavo...*

À medida que o Espírito evolve, experiencia equívocos e êxitos, sendo convidado a reparar os erros e a prosseguir na ação edificante.

A atualidade espiritual do Planeta na fase de transição caracteriza-se por expressivo número daqueles que retornam missionários do Bem e da Verdade, do Conhecimento e da Beleza, da Tecnologia e da Ciência, da Fé religiosa e da Caridade, a fim de apressarem o processo evolutivo, ao tempo em que outros, ainda aferrados ao mal se despedem da oportunidade, igualmente renascendo para terem a sua última chance no lar terrestre que não têm sabido valorizar...

Certamente que retornarão, quando se recuperarem dos delitos praticados e da teimosia do orgulho e do egotismo exacerbado, da soberba e das paixões primitivas, quais filhos pródigos de retorno ao regaço paterno...

---

evolver: evoluir

egotismo: excesso de amor por si mesmo

exacerbado: que se excedeu

pródigo: esbanjador

Não seja de se estranhar que, de igual maneira, nobres Espíritos de outra Esfera evolutiva igualmente estejam reencarnando na Terra, a fim de contribuir em favor do seu processo de regeneração.

A grande maioria que está chegando chama atenção por características muito especiais, sendo que alguns deles apresentam-se com distúrbio de déficit de atenção (DDA) ou mesmo transtorno de déficit de atenção e hiperatividade (TDAH), gerando situações perturbadoras na área da conduta. O fenômeno, porém, tem por objetivo convidar os estudiosos do comportamento e da educação a uma análise mais profunda a respeito da ocorrência.

Há muitos especialistas, no entanto, que negam a possibilidade do TDAH, conservando o diagnóstico apenas na classificação DDA.

Todavia, aprofundadas investigações demonstram que o TDAH tem origem nos intrincados mecanismos da hereditariedade, da convivência familiar, necessitando de cuidados especiais.

Invariavelmente, têm-se aplicado nos pacientes infantis drogas denominadas como *da obediência*, o que constitui grave responsabilidade pelos efeitos colaterais que podem ocasionar no seu futuro, especialmente a partir da adolescência.

Ideal será uma cuidadosa análise, e aplicação da moderna psicopedagogia, especialmente baseada no amor e na paciência, no diálogo e na convivência com os pais, de maneira a se transmitir afetividade e respeito, carinho e segurança psicológica ao paciente infantil.

Quando a criança dê-se conta de que é amada e compreendida, novos estímulos contribuirão para a diminuição da desatenção e da hiperatividade, ajustando-a aos programas de ação edificante e de construção da sociedade feliz.

*

Quando, no *sermão profético,* narrado pelo evangelista Marcos, Jesus se refere às grávidas e às que amamentarem nos *dias terríveis do Senhor,* elucida gentilmente a respeito das atuais ocorrências familiares, das dificuldades de convivência doméstica, dos desafios educacionais no lar, dos relacionamentos afetivos entre os parceiros...

Ao mesmo tempo, em relação aos problemas de radioatividade que possam ocorrer, conforme já tem sucedido, com a contaminação pelo estrôncio e outras substâncias destrutivas que dão lugar ao surgimento de anomalias de vária ordem, culminando com os tormentos cancerígenos, especialmente leucêmicos...

O momento é, portanto, muito grave, propondo graves reflexões e elevação de sentimentos, de modo a se contribuir de maneira eficaz para que esse tormentoso período seja abreviado...

> estrôncio: elemento químico

CAUSAS JUSTAS DAS AFLIÇÕES

Indagas, com o coração ralado pelas aflições, por qual razão as pessoas boas e generosas, dedicadas ao Bem sofrem, enquanto as más parecem felizes e tranquilas...

Não te apresses em propor conclusões em torno da paisagem humana, sem que disponhas dos conhecimentos profundos que regem as existências terrenas.

As aparências não retratam a realidade, antes, pelo contrário, dão ideia do que se projeta e não daquilo que está ocorrendo.

Ademais, os indivíduos bons e generosos de hoje são aqueles maus e avaros de ontem, que retornaram ao proscênio das experiências terrenas em processo de reparação.

Quando despertaram na Espiritualidade, após a prática de muitos delitos e males, recambiados pela desencarnação, havendo-se dado conta dos prejuízos que

proscênio: cenário, palco

recambiado: entregue

se causaram, rogaram à Divindade a oportunidade própria para a recuperação, mesmo que envoltos pelas vestes do sofrimento. Agora colhem a sementeira de espinhos deixada pela via do progresso, que trilharam com atrevimento e desrespeito aos soberanos códigos da Vida...

Os maus de hoje, aqueles que se apresentam ditosos sem mérito, experimentarão, oportunamente, igual processo de aflição, porque as leis que dirigem o Universo são as mesmas para todos.

Não raro, as causas também se encontram na atual existência, quando se dilapidam com irresponsabilidade os patrimônios da existência.

Em uma visão estreita, sem o contributo das amplas explicações da reencarnação, torna-se injusto que pessoas afeiçoadas à caridade e ao amor vejam-se crucificadas nos sofrimentos morais, nas enfermidades de vário porte, nos testemunhos econômicos e sociais, enquanto outras, que são perversas ou indiferentes à fraternidade desfrutem de benesses e alegrias.

Tudo quanto se faz repercute em efeitos equivalentes, graças à Lei de Causa e Efeito.

Não creias, igualmente, que as pessoas risonhas e que desfrutam dos favores dos deuses da fortuna, do poder, do destaque e da fama não experimentem desaires e angústias, como se fossem exceções aos impositivos do progresso moral e espiritual a que todas estão submetidas.

A Terra é bendita escola de aprendizagem dos valores elevados da vida e ninguém se movimenta no orbe, sem as marcas profundas operadas pelo sofrimento.

> desaire: escândalo, contratempo

A imensa caravana terrestre é constituída por Espíritos enfermos, ainda necessitados de amar, desdobrando os sentimentos nobres que se lhes encontram adormecidos, experimentando os instrumentos lapidadores das aflições, a fim de libertar os inatos recursos divinos ainda desconhecidos.

Desse modo, examina com outra óptica as tuas aflições e, por mais difícil se te apresentem, agradece a Deus seres tu quem ora sofre.

Recorda que a pérola rara e bela é resultado do mecanismo da ostra que sofre, defendendo-se do grão de areia que a fere...

Ocultando a gema preciosa que se está consolidando no íntimo, o ser humano avança sob os camartelos do sofrimento necessário à libertação do seu *deus interno*.

camartelo: punhalada, golpe, estocada

*

Refugia-te na prece, quando os teus pesares parecerem mais fortes e afligentes do que as tuas possibilidades de resistência.

Navegando pelos rios da oração em busca da divina nascente, experimentarás incomum alegria lenindo os teus sentimentos feridos.

lenir: aplacar, suavizar

Perceberás o desejo de alcançar a outra margem da vida onde repousarás mais tarde. Por enquanto, porfia em tuas ações dignificantes, amando com ternura a tudo e a todos.

porfiar: lutar

Não permitas que o desânimo se aninhe em teus sentimentos, nem que pensamentos pessimistas e perturbadores estabeleçam teias depressivas em tua conduta emocional.

Observa tudo e constatarás que a *destruição* faculta o ressurgimento da beleza em toda parte, o mesmo ocorrendo com o Espírito que se encontra em fase de desenvolvimento, padecendo os ferretes e azorragues da aflição para reaparecer em tecidos de luz.

> ferrete: marca
>
> azorrague: chicotada

Pensa-se que a falta de amor no comportamento seja resultado do desconhecimento da verdade. E tem razão aquele que se permite a reflexão, porque uma conquista conduz a outra, e através do discernimento do Bem e do mal que faculta a ação generosa surgem as bênçãos da afetividade.

Identificado com os ideais da verdade, suavemente se te desdobrarão as emoções tranquilizadoras e te descobrirás enriquecido pela ternura e pelo amor.

Para que o logres, não esperes mudanças radicais nos outros, alterações em teu grupo familiar e social. Cuida de seres o exemplo da coragem no exercício da renovação interior e todo o teu esforço produzirá futuros efeitos benéficos a que te acostumarás com imensa alegria.

Essa será a verdadeira alegria, que resulta do júbilo de te entrar receptivo ao amor.

> intimorato: destemido, corajoso

Mantém a firmeza e a convicção de que o Bem não pode fazer mal, prosseguindo intimorato no cumprimento dos ideais dignos que abraças.

Aqueles que se te constituem algozes encontram-se atados por vigorosos liames à tua atual existência pelo que lhes fizeste antes. Vêm-te ainda através das lentes do mal que lhes aplicaste, excruciando-os quando de ti necessitaram...

Deus não necessita de cobradores, porque as Suas leis dispõem de mecanismos próprios para manter a ordem, a harmonia e a paz em tudo. Nada obstante, em razão da ignorância que domina muitas mentes, cada qual se acredita, quando vitimado, em erguer a clava da justiça para a vingança, impossibilitado que se encontra de praticar a equanimidade.

Age desse modo, consciente de que te estás deslindando dos nós perversos com o passado, a caminho da liberdade, conduzindo aqueles aos quais magoaste a alcançarem o patamar superior da paz.

Como tudo passa no mundo, essas horas difíceis logo cederão lugar a outras benéficas e abençoadas.

Desse modo, apóia-te na fé que se torna alicerce para a coragem na luta, trabalhando pelo Bem, mesmo que, de imediato, os frutos que recolhas da sementeira da bondade apresentem-se amargos... Outros virão, no futuro, com sabor diferente e compensador.

A existência humana é conforme cada qual a elabora mediante o pensamento, a palavra e a ação.

Avança, pois, cantando um hino de esperança, certo da vitória final.

excruciar: martirizar, afligir, atormentar

clava: pedaço de madeira maciça, mais grossa em uma das extremidades, bastão

equanimidade: imparcialidade

deslindar: apurar, esclarecer, desfazer

*

<small>holocausto: sacrifício</small>

Jesus, que não tinha qualquer tipo de dívida, ofereceu-se espontaneamente em holocausto, para nos ensinar amor até o sacrifício da própria vida.

<small>pós: após</small>

Além dEle, inúmeros discípulos que O amaram, seguiram-nO em pós, deixando o legado sublime do amor para modificar a economia moral da Terra ainda em deficiência.

Confia, portanto, no código do amor e vive-o conforme vens intentando e não reclames mais.

TERAPIA DO PERDÃO

A busca da saúde integral deve constituir um dos objetivos básicos da existência planetária, dentro da proposta relevante da iluminação interior.

Sem esse equilíbrio psicofísico proporcionador de estímulos para a superação das tendências perturbadoras, muito difícil torna-se o autoencontro, o discernimento e a consciência ante os compromissos que dizem respeito à vida física.

Fatores internos e externos facultam o desempenho do mister, cujo êxito depende da contribuição mental e emocional do indivíduo, em seu sentido mais significativo.

Não são poucos os males causados pelo comportamento mental das criaturas que teimam em cultivar ideias perniciosas, que se lhes transformam em contributos deletérios nos delicados tecidos nervosos que constituem a entidade orgânica.

deletério: nociso, prejudicial

Fixações mentais pessimistas, adoção de mágoas e anseios de vingança, ciúme e rebeldia emocional transformam-se em tóxicos destrutivos que são transferidos para o sistema nervoso central, desse passando ao sistema endocrínico, alojando-se, por fim, no aparelho físico e agredindo as células, que têm perturbada a mitose, abrindo espaço para a contaminação bacteriológica...

Depressões profundas, distúrbios do pânico, ansiedade e angústia defluem, também, dos sentimentos desvairados que se alojam na usina mental.

Lenta e insistentemente, emitem ondas de energia negativa que se mesclam às vibrações mantenedoras do equilíbrio, culminando com a desarticulação do seu ritmo, agravando-se, à medida que são vitalizadas pelo pensamento vicioso.

Maledicência e calúnia convivem em conúbio infeliz que não somente prejudicam o próximo e a ordem social como também aquele que as alimentam com os seus comentários destrutivos.

A vida em família – essa sociedade miniaturizada – exige responsabilidade que se deve caracterizar pelos sentimentos da ética e da moral em seu sentido mais profundo, portanto, acima de todas e quaisquer conveniências.

Renascendo no clã que lhe é mais favorável, o Espírito passa a fruir da oportunidade abençoada que deverá utilizar com sabedoria para a ensementação dos valores do Bem e da Verdade no recesso do ser.

Ademais, a existência terrestre é assinalada por compromissos impostergáveis que fazem parte do processo evolutivo, merecendo, portanto, respeito e consideração.

anseio: desejo, aspiração

mitose: divisão celular

desvairado: fora de si, alucinado

Permitindo-se a leviandade de usar o corpo na condição de escravo das paixões grosseiras primárias que ressumam do seu passado, transforma a formosa ocasião em palco de alucinações gerando distúrbios e doenças que terminarão em consumpção dolorosa...

A saúde integral merece o máximo contributo de todos os indivíduos, especialmente daqueles que travaram relacionamento com o Evangelho de Jesus, o mais valioso tratado psicoterapêutico de que a Humanidade tem notícia.

Quem conhece Jesus não se pode mais desculpar pela permanência nos equívocos e no cultivo dos sentimentos perniciosos.

A Sua presença no coração altera a paisagem interna daquele que O agasalha, modificando-lhe as estruturas íntimas e favorecendo-o com permanente bem-estar, mesmo nos períodos graves da existência, aqueles, nos quais, surgem as crises, a necessidade dos testemunhos.

A única alternativa, portanto, é prosseguir vinculado aos Seus ensinamentos aplicando-os à conduta mental, verbal e vivencial de todos os instantes.

*

Na escala dos acontecimentos morais que dizem respeito à saúde integral, merece destaque a contribuição terapêutica do perdão das ofensas.

Todo aquele que mantém ressentimento anelando pelo desforço carrega uma brasa viva na mão, objetivando

anelar: desejar, aspirar

atirá-la no adversário. Em sua aflição doentia, que faculta o anelo de vingança, não se dá conta que, enquanto conduz o elemento responsável pelo desforço tem a mão queimada...

Sê tu, portanto, aquele que, de imediato, perdoa. Não creias que, ao fazê-lo, o teu inimigo fique indene à responsabilidade decorrente do ato ignóbil praticado. Nem transfiras o teu sentimento de mágoa para a Divindade impor a reparação ou as Soberanas Leis pedirem-lhe contas.

Seja a tua a atitude de libertar a revolta interna que te vergasta a mente e a emoção decorrente do delito de que foste vítima.

O teu ofensor é infeliz e não tem dimensão da própria desdita, permitindo-se a conduta que o assinala. Provavelmente, alguns outros que se facultam o direito de afligir os outros conhecem o abismo em que tombaram e, por isso mesmo, desforçam-se invejosos naqueles que consideram felizes, com o fim único de atormentá-los.

Muitos que te combatem em determinado ângulo do comportamento gostariam de estar no teu lugar ou de realizar o que fazes, mas defrontando a impossibilidade de realizá-lo, ao invés de crescerem moralmente, enxovalham-te o nome, desse modo, diminuindo, aparentemente, a tua grandeza.

Não lhes dês a importância que se atribuem, permanecendo intemerato no cumprimento dos teus deveres, aqueles que a vida te propõe e os que abraçaste espontaneamente por amor.

Nunca te permitas sintonizar na mesma faixa vibratória em que se comprazem aqueles que são declarados ou não teus inimigos.

---

indene: ileso, que não sofre danos

ignóbil: sem nobreza, deprezível

Alça-te às regiões espirituais da Paz e do Bem perdoando sempre, seja qual for o gravame que te foi imposto.

Recordarás, sem dúvida, da ofensa, sofrerás ainda o seu dardo venenoso, porém, não terás desejo de realizar qualquer tipo de desforço, nem revolta, como se te considerasses injustiçado...

Nada acontece destituído de um fim útil, dependendo sempre daquele que é partícipe do ato.

Se a injunção apresentar-se penosa, reflexiona e agradece a Deus poder recuperar-te dos males que te seguem, aprimorando-te mediante a humildade e a submissão aos superiores desígnios.

Jamais poderás mudar o mundo, impondo-lhe regras de conduta, no entanto, quando te modificares para melhor, o mundo também estará menos agressivo e menos infeliz.

Não aceites a presença do ódio em teus sentimentos, porque o ódio devora todo aquele que o agasalha. Não lhe cedas espaço emocional. Ele se disfarça de várias formas e permanece no âmago do ser corroendo-o. É filho espúrio do egoísmo e irmão desvairado do orgulho que se alastra como fogaréu devorador alimentado por combustível abundante.

desvairado: fora de si, alucinado

Não te deixes enfermar em razão das lutas que enfrentas e dos dardos venenosos que te atiram.

Usa a terapia do perdão e conseguirás a inefável leveza da consciência tranquila.

A chaga aberta pela ingratidão ou pela perversidade de outrem cicatrizará no teu íntimo com o penso balsâmico do perdão.

penso: curativo

Rompe desse modo, as fortes correntes da morbidez que pretende manter-te na luta infeliz do ódio, do revide, da vingança, perdoando sempre.

*

Quem O visse triunfante ao adentrar sob aplauso e festa em Jerusalém, não podia imaginar que aquela mesma sociedade O apuparia logo depois, levando-O à cruz.

apupar: perseguir, escarnecer

Sabia-O Ele e, por isso, não se rejubilou quando aclamado pela insensatez humana, nem se afligiu quando repudiado pela loucura generalizada.

Com inexcedível amor a todos perdoou e pediu ao Pai clemência e misericórdia para os alucinados.

inexcedível: insuperável

Mantém o perdão em todos os teus momentos e, desfrutando dessa suprema terapia fruirás a bênção da saúde integral.

Utilidade da Reencarnação

Após o périplo carnal, feliz ou desventurado, quando sucede a desencarnação, o Espírito quase sempre retoma a consciência dos seus atos e mede, quando se encontra lúcido, os resultados do nobre cometimento.

Detectando as realizações nobilitantes, anela pelo retorno à indumentária carnal, a fim de dar prosseguimento aos labores edificantes que deixou na Terra e lhes constituem filhos do coração.

Compreendendo o alto significado do trabalho e os benefícios que dele defluem, ora agradecendo a Deus a bênção da oportunidade vivida, roga nova ocasião para, retornando, ampliar os horizontes das realizações, alcançando mais ampla faixa de necessitados, aos quais beneficiaria.

A sua felicidade é tão significativa que, mesmo fruindo as alegrias que resultam dos serviços retamente

périplo: trajeto, percurso, jornada

anelar: desejar, aspirar

cumpridos, experimenta dúlcida melancolia como a afeição pela obra, tendo permissão de prosseguir auxiliando até quando lhe seja concedido o novo mergulho nas sombras do Planeta...

Todos aqueles que se transformaram em benfeitores da Humanidade, hajam sido aureolados pela fama ou desconhecidos, sempre retornam aos mesmos campos de ação, de modo a darem curso ao ministério dignificante.

Por outro lado, aqueloutros que se acumpliciaram com o erro, que se facultaram as ilusões, entregando-se à dissolução moral ou às vinculações com o mal, constatando a dimensão do desar, suplicam novo renascimento que lhes permita reparar, corrigir e se recuperar perante a própria e a Consciência Cósmica.

> desar: desventura, infortúnio

Quanto maiores forem os gravames, mais vigorosas as rogativas e mais ardentes desejos de reabilitação, porque a consciência ultrajada exige mudança de comportamento e adoção de valores mais elevados.

Como não dispõem de mérito, face à insensatez a que se entregaram, rogam aos Guias espirituais que intercedam por eles, que os apadrinhem na conjuntura, conseguindo a concessão especial de que muito necessitam.

Porque se sentem encorajados e a visão difere daquela mantida quando no combate sensorial, propõem as provações que gostariam de experienciar, a fim de poderem beneficiar-se do processo depurador, os testemunhos que comprovem a mudança moral, as expiações mais afligentes e santificadoras...

Pode parecer estranho que sejam solicitados encarceramentos em corpos cerceados de normalidade, experimentando a demência ou as mutilações, as deficiências dos órgãos ou a incapacidade para repetir os desmandos infelizes.

Sentindo-se sem as resistências morais para suportar os arrastamentos do mal a que se afeiçoaram, retornam, então, ferreteados pela cegueira ou mudez, pela imbecilidade ou degenerescência cerebral, inspirando asco ou mal-estar, compaixão ou misericórdia que não tiveram para com o seu próximo anteriormente...

ferreteado: marcado

asco: aversão

Cada prova, cada expiação, de acordo com os delitos e os danos a que deram lugar, porque o agente não é responsável apenas pelo mal que pratica, mas também pelos efeitos infelizes deles decorrentes.

Tudo ocorre de acordo com as Soberanas Leis do Amor.

*

Rogaste, antes do berço, a bênção da reencarnação no lar que ora te acolhe, com a família de que necessitas, aquela que não soubeste preservar, quando estiveste em seu seio e criaste os embaraços que hoje retornam, exigindo-te reparação.

Aqueles que te hostilizam são os mesmos afetos que entenebreceste anteriormente e suplicaste a oportunidade de recuperação, voltando a conviver com eles, armados contra

entenebrecer: caluniar, denegrir, prejudicar

ti, assinalados pelas lembranças inconscientes dos males que lhe impuseste durante o teu desvario anterior.

> desvario: delírio

As enfermidades impertinentes, aquelas de diagnose difícil e de recuperação improvável pertencem à relação que anotaste para a tua redenção e encaminhaste aos anjos tutelares da tua atual existência.

Os limites e desafios que te afligem fazem parte das disposições evolutivas que estabeleceste, porque reconheceste que eram os melhores mestres de que necessitavas para poder te recuperar.

A carência afetiva, a solidão, o abandono a que te sentes relegado são as terapêuticas hábeis para a valorização da solidariedade que destruíste, a afetividade que maculaste com a traição, com o desrespeito ao ser amigo que se te entregou em confiança e fidelidade.

Os conflitos íntimos, a culpa e os complexos perturbadores que te assinalam, resultam das análises a que te dedicaste no Além, de forma que possas reencontrar o equilíbrio no silêncio, no esforço íntimo que te facultará pelo amor e pela resignação a autoiluminação.

Mesmo que te pareçam demasiadamente severos os processos de purificação, superando o mal para que haja lugar para o surgimento do bem-estar em teu íntimo, mantém o bom ânimo, porque os Espíritos que se te fizeram avalistas da nova experiência, atendendo-te aos veementes apelos, velam por ti, ajudam-te, e durante os desdobramentos parciais pelo sono alentam-te, reconfortam-te e te revigoram, atenuando a aspereza do programa de reeducação a que te encontras submetido.

O passado sempre ressurge no presente que organiza as paisagens do futuro.

Seja qual for a situação, pois, em que te encontres, considera a rapidez com que transcorre o tempo físico e pensa em termos de imortalidade.

Ontem, certamente, foi mais sombrio do que hoje e o ultrapassaste, encontrando-te agora a vislumbrar as belas claridades do amanhã.

Aproveita, quanto te esteja ao alcance, a bênção que fruis, mesmo que seja conhecida como sofrimento, e avança confiante estrada fora...

Ninguém que se encontre em desvalimento, ao abandono, e nada que aconteça sem um fim útil.

A jornada é necessária nessas condições, porque somente elas te facultarão entender o objetivo das reencarnações e os deveres que tens em relação à Vida, assim como a ti mesmo e ao teu próximo.

És feliz porque conseguiste o ensejo de retornar, agora iluminado pelo conhecimento espiritual que te amplia os horizontes do entendimento para que te apercebas da beleza da Vida em toda parte, na qual te encontras colocado.

Não reclames, nem te permitas a tristeza que deprime e proporciona reflexões angustiantes.

Sorri, e espera um pouco mais.

*

A reencarnação é o método sublime de evolução com que a Divindade honra os Seus filhos, arrancando-os da ignorância para conduzi-los ao rumo da sabedoria.

Quando se adquire a consciência acerca da reencarnação e da sua utilidade, a dor diminui de intensidade, as aflições tornam-se diluídas e uma especial resignação toma conta do ser facultando-lhe especial e peculiar alegria de viver.

Bendize, desse modo, as tuas provações e te rejubila por te encontrar em processo de libertação, fruindo de paz.

DESAFIOS EXISTENCIAIS

A existência física no abençoado Planeta terrestre é um contínuo desafio, em razão das ocorrências que se tornam necessárias para a conquista dos valores ético-morais, indispensáveis ao êxito espiritual, no empreendimento evolutivo.

Ninguém reencarna sem um elevado objetivo psicológico que diga respeito ao refazimento dos caminhos antes percorridos equivocamente, assim como dos crimes praticados pela insensatez e pelo egoísmo.

Renascer no corpo somático é bênção que o Senhor a todos oferece, a fim de auxiliá-los no processo de libertação das mazelas que acompanham o Espírito desde os primeiros momentos em que se lhe apresentaram a razão e o discernimento concedendo-lhe a responsabilidade pelos atos.

É natural, portanto, que, mesmo nas existências muito bem planejadas no Mais-Além ocorram *surpresas* perturbadoras, não poucas vezes causando inquietação e graves sofrimentos.

Aqui, é um amigo querido que, sem motivo aparente transformou-se em adversário ferrenho; noutra circunstância é um ser amado, em quem a confiança era uma rocha, que se afastou do convívio, apresentando explicações esdrúxulas e inverídicas, como a habitual frase: *o amor acabou-se*, como se esse fosse um líquido a se derramar do seu vasilhame até o esvaziamento; mais adiante é a enfermidade inesperada, produzindo desconforto e insegurança, quando a saúde se fazia mais necessária. Noutras vezes, são as dificuldades econômicas gerando aflições sem nome, perseguições inclementes, semeando discórdias e impedimentos ao avanço, surgindo agressões de todo porte magoando o cerne do ser, em forma de inquietações íntimas, ou ressumar de conflitos emocionais que geram angústia e desencanto...

ressumar: gotejar

Esses desafios, no entanto, têm grande valor na transformação moral do ser humano, se lhe aprouver administrar todas as dificuldades, compreendendo que tudo quanto lhe acontece é portador de uma razão que, mesmo ignorada, tem significados justos, trabalhando pelo seu aperfeiçoamento espiritual.

Fosse diferente a existência, qual uma linha reta, e as pessoas seriam tomadas pelo tédio, pelo desinteresse em favor do seu progresso, desestimulando-as do esforço para galgar outros patamares intelecto-morais, que facultam a perfeita compreensão dos elevados objetivos libertadores.

Para que se alcance o acume de um monte é necessário vencer, etapa a etapa, as escarpas e os impedimentos, os abismos que se abrem sob os pés e se adaptar à atmosfera rarefeita, de modo a se beneficiar das bênçãos das alturas.

escarpa: declive, altos e baixos

O esforço, às vezes, hercúleo é compensado pela beleza da paisagem, pelo bem-estar que toma conta do vitorioso, pela alegria de se haver alcançado a meta a que se propusera.

De igual maneira, é a caminhada pelas tortuosas veredas oferecidas pela reencarnação.

Não se trata, porém, de uma experiência que somente pode ser vencida pelos privilegiados, mas que se encontra ao alcance de todos aqueles que compreendem os significados da realidade e as diferenças entre a ilusão da posse e do prazer em relação à alegria legítima de viver.

*

Tornaram-se imprescindíveis, nesta época moderna do turismo, em nome do refazimento de forças, do descanso das atividades habituais, da cultura e da convivência com outras pessoas, com os seus hábitos, suas conquistas, suas realizações, a necessidade de viagens, a conquista de prazeres, os jogos da ilusão...

Nada obstante, não poucas vezes, essas excursões prazerosas transformam-se em verdadeiros pesadelos, desgastes orgânicos e emocionais, desequilíbrios de vária ordem.

Quando, no entanto, tem-se consciência dos objetivos existenciais, a alegria e o bem-estar apresentam-se amiúde nas pequenas ocorrências do dia a dia, e mesmo quando alguém prefere espairecimento, férias e viagens, a programação é enriquecida de valores outros que não produzem desperdício de forças, nem desconforto.

Os prazeres são também necessários ao equilíbrio humano, tanto quanto a tristeza momentânea que conduz à reflexão ante os acontecimentos inesperados e afligentes, mas, sobretudo a alegria de viver e de poder desenvolver os valores espirituais adormecidos, mesmo que sob as injunções dos camartelos do sofrimento.

Diante de quaisquer desafios, permanece tranquilo e confiante, persistindo nos teus objetivos elevados, sem pensar que te encontras desamparado ou esquecido da Divina Providência, como fazem os egoístas que, da jornada humana somente aguardam benesses que se creditam merecer.

A pedra que rola ao sabor da correnteza arredonda-se, tornando-se mais fácil de ser conduzida.

De igual maneira, o Espírito retifica as anfractuosidades morais que são os compromissos não atendidos e os erros cometidos, ao sabor dos golpes sofridos durante o curso existencial.

Mantém-te, desse modo, otimista, quando visitado por quaisquer desafios que te pareçam demasiado fortes, buscando a melhor maneira de administrá-los.

Estagnação de qualquer natureza é síndrome de morte ou de degeneração.

---

amiúde: frequentemente

injunção: imposição

camartelo: punhalada, golpe, estocada

retificar: alinhar, corrigir

anfractuosidade: defeito, falha, imperfeição

Avança, portanto, alegre pelas excelentes oportunidades de aprendizagem durante o carreiro carnal, do qual deverás sair vitorioso.

Ninguém alcança a plenitude sem o contributo da lapidação moral proposta pelos Soberanos Códigos da Divina Justiça, a fim de que o Espírito alcance o seu estado de plenitude.

Sempre que te vejas a braços com dificuldades e desafios, pensa que estás sendo homenageado pela vida, a fim de alcançares a libertação que te aguarda.

Nunca te permitas a revolta ou a agressividade por estares visitado pelo sofrimento, sem o qual não lograrias atingir as estrelas.

Quando vires alguém em triunfo, considera que o seu júbilo é resultado de lutas e de renúncias, de dedicação e de trabalho.

Nada existe gratuito e especial nas determinações divinas a benefício de alguns indivíduos e em detrimento de outros.

Todos os Espíritos passam pelo mesmo cadinho purificador, exceto Jesus, que antes de sermos o que estamos já era nosso *Guia e Modelo*.

A bonança sempre chega, porém, depois de passada a tormenta.

De igual maneira, ocorrem as conquistas do ser humano, entre umas e outras tempestades, que são os desafios de toda ordem, propiciatórios ao seu desenvolvimento.

Nunca vos deixarei a sós! – exclamou o Amigo incomparável, demonstrando o Seu amor pelas Suas criaturas.

Não duvides jamais da Sua presença ao teu lado, mesmo que na circunstância aflitiva tenhas dificuldade em percebê-la.

Persevera abraçado aos teus deveres, mesmo que se te apresentem momentaneamente em forma de cruz, e planta-a, se for o caso, no calvário da libertação, porque somente haverá ressurreição em madrugada de luz após a noite da desencarnação.

ESFORÇO PARA A ILUMINAÇÃO

Todo e qualquer empreendimento para ser executado exige esforço, quando não se desloca para os rumos dos testemunhos e sacrifícios.

Toda atividade tem início no campo mental, exteriorizando-se em palavras que expressam os seus conteúdos, a fim de se tornar realidade no campo das formas.

É natural, portanto, que as graves responsabilidades sejam assinaladas por contínuos esforços que culminem na iluminação.

Assinalando-se as crises existenciais e as condições desfavoráveis à edificação interior, em razão dos condicionamentos psicológicos ancestrais e dos impositivos socioculturais que são vividos na Terra, na atualidade, a busca do *estado numinoso* torna-se uma peleja de alto porte.

peleja: luta, batalha

Compreensivelmente, o sentido de adaptação animal faculta-lhe o domínio do território onde se movimenta e vive impondo-lhe o instinto de defesa em forma de luta pela sua preservação. É compreensível, portanto, que toda tentativa de mudança surja como desafio à coragem e à convicção bem sustentada para os enfrentamentos inevitáveis.

As lutas defluentes da atitude de mudança tornam-se contínuas, partindo dos opositores naturais do progresso, aqueles que se encontram acomodados com o já conseguido, que sempre estão armados contra as propostas para a alteração de sua conduta.

Ao mesmo tempo, os atavismos que permanecem em caráter de predomínio no comportamento do indivíduo conspiram mais em sentido oposto, dando lugar ao desânimo ou ao descontentamento em razão dos resultados não se apresentarem de imediato, como se não tivessem possibilidade de se tornar realidade.

Nesse momento, impõe-se a reflexão que faculta o discernimento em torno do que se deve fazer, evitando que a neblina do pessimismo oculte a claridade dos anseios da mente e do sentimento honorável.

Conduzindo a herança dos instintos primários e os vícios deles decorrentes, o Espírito experimenta o sítio das paixões a que se encontra aclimatado, relutando em alterar os hábitos ou insistir nos novos objetivos, suportando as circunstâncias adversas que então se apresentam.

Sucedem-se-lhe os conflitos e lhe surgem os impedimentos à renovação interior, face ao impositivo de alterações profundas na conduta moral e social.

atavismo: reaparecimento de certa característica no organismo depois de várias gerações de ausência

anseio: desejo, aspiração

Substituindo os maus pelos bons comportamentos a adaptação faz-se com lentidão, gerando novas situações que proporcionam as satisfações emocionais que faziam falta, sentindo-as inconscientemente, desde que os prazeres vivenciados deixavam sempre frustrações e vazio existencial.

As novas aspirações encantam o ser profundo e constituem verdadeiro campo de batalha para se transformar em experiências vivenciadas.

Não seja, portanto, de se estranhar todos os esforços que devem ser envidados para a sua aquisição.

envidado: empregado

À medida que se vão alcançando novos patamares emocionais e hábitos saudáveis incorporam-se à dieta existencial; estímulos novos surgem oferecendo resistência capaz de favorecer o prosseguimento dos anelos de aperfeiçoamento e de iluminação interior.

anelo: desejo, aspiração

*

Enquanto chafurdas nos processos de autodestruição, o que equivale a dizer, a permanência nas deploráveis situações do prazer, decorrente dos instintos primitivos que foram úteis no início da evolução e agora devem ser substituídos pelas emoções edificantes, não te apercebes da gravidade da situação.

Logo, porém, quando te ergues do charco asfixiante e passas a respirar o oxigênio puro da harmonia e das elevadas expressões do ser feliz, dá-te conta do tempo malbaratado na ilusão, aspirando por diferente maneira de viver.

charco: pântano, atoleiro

Observas, então, que forças desconhecidas que se encontravam ocultas passam a te perturbar a ambição de crescimento ético-moral, criando-te embaraços onde quer que te encontres.

De um lado são os condicionamentos sociais, o meio ambiente em que te movimentas agredindo-te, porque já não participas do banquete tóxico dos gozos e das frivolidades que se transformam, não poucas vezes, em condutas perversas.

Os anteriores amigos, mais afinados com os teus vícios, aos deles semelhantes, com os quais realmente simpatizavas, e teus companheiros existenciais reprocham-te a conduta, mortificam-te com apodos deprimentes, voltam-se contra ti e, sempre que possível, dificultam o teu acesso à convivência anterior...

acúleo: espinho

pedrouço: monte de pedras

A estrada dos triunfadores do Bem está pavimentada por acúleos e pedrouços ferintes, que os obrigam a deixar pegadas sanguinolentas, assinalando-lhes a passagem vitoriosa.

É compreensível que assim aconteça, porque toda ascensão impõe imenso esforço, e a que diz respeito à iluminação ainda é mais enérgica porque necessita de contínuos contributos da coragem e da fé que são essenciais ao seu logro.

locupletar: tirar proveito, saciar

Por outro lado, Espíritos infelizes, que se encontram desencarnados e que se locupletam com vampirizações deprimentes, passam a te ver como seus adversários, face aos teus objetivos de libertação pessoal assim como de outras vítimas, transformando-se em ferozes verdugos da tua paz.

Possuindo recursos que escapam à compreensão humana imediata, estimulam reações familiares negativas, lançam afetos doentios contra os teus propósitos, e quando conseguem a tua sintonia, nos momentos de desar e de sofrimento, passam a te inspirar cansaço exagerado, desânimo e ressentimentos em relação àqueles que não te acompanham, mas te magoam, produzindo o campo próprio aos prejuízos emocionais que te inibem o prosseguimento.

desar: desventura, infortúnio

Permanece desse modo, vigilante, compreendendo que ninguém tem o dever de seguir contigo nesse magno esforço, e toda luz que acendas no íntimo brilhará sem sombra nas tuas paisagens internas, nem sempre observadas ou detectadas pelas demais pessoas.

Prossegue a sós que seja, porquanto o teu êxito irá influenciar no futuro toda a sociedade que hoje permanece em escuridão.

Quando alguém ascende do vale de amarguras toda a Humanidade eleva-se com ele, mas também quando se tomba no abismo do crime e da crueldade, a sociedade resvala para os fundos poços de volta ao primitivismo...

Sê, portanto, aquele que acende a chama luminosa na mente e no sentimento, avançando em direção dAquele que é a máxima representação da Vida na Terra.

*

Jesus foi enfático ao enunciar que no *mundo somente terás aflições*, porque a escala de valores entre César e Deus é bem diferente, como ocorre com as faces de qualquer moeda.

Assim sendo, elegendo a face numinosa da existência, os enfrentamentos e as dificuldades estarão de mãos dadas em forma de conspiração contra os teus propósitos.

Faze, então, do teu objetivo psicológico de vencer as inclinações do mal, que ainda residem no teu mundo interior, a razão da tua existência, e passarás a fruir, desde esse momento, da inefável alegria de estar edificando o reino dos Céus nas paisagens iridescentes do espírito.

PORTAL PARA O TRIUNFO

A morte, sempre detestada, especialmente quando chega interrompendo a infância e a juventude, ou mesmo quando se encarrega de arrebatar os afetos que constituem estímulos à luta e exemplos de coragem e dignidade, prossegue incompreendida e malsinada.

Anelada pelos aflitos, que esperam com o seu concurso encerrar a existência que se lhes apresenta como desfavor ou castigo é evitada a todo custo pelos que desfrutam das alegrias e dos prazeres, transferindo-a para um futuro que anelam não seja alcançado rapidamente.

Frutos do materialismo ambos os comportamentos, ou da pobreza religiosa que não dispõe de recursos para assegurar a confiança na imortalidade, a desencarnação permanece como um grande enigma para os viandantes da esfera carnal.

anelado: desejado, almejado

viandante: viajante

Envolta em mistério pela tradição cultural de muitos povos, ou significando gesto de estoicismo e de valor, na expectativa de recompensas no Além, surge, no suicídio, como um recurso valioso para a glória daquele que se permite a covarde fuga dos elevados compromissos, especialmente quando esse gesto tem caráter religioso ou político ceifando outras vidas...

O terrorismo internacional encontrou nesse terrível engano o gatilho para destruir existências louçãs, estimulando o crime hediondo, mediante falsas promessas de júbilos e de prazeres inexcedíveis no mundo espiritual, como se o suicídio ampliado em homicídio merecesse recompensa ao invés de punição.

A morte, no entanto, é o encerramento da injunção biológica, nas suas sucessivas transformações, colocando reticências em uma fase do processo da vida, ao tempo que faculta a abertura de um portal para o triunfo na imortalidade.

É compreensível que se busque aproveitar ao máximo a oportunidade carnal, ampliando o tempo e as condições favoráveis à existência planetária, tendo-se, porém, na mente que por mais se prolongue esse périplo, momento surgirá em que será naturalmente interrompido, graças aos mais diferentes fatores que lhe sejam a causalidade.

A Vida certamente não gastaria mais de dois bilhões de anos para organizar as moléculas, desde as mais primárias até os complexos mecanismos cerebrais como de outros órgãos, para, em um determinismo trágico, logo as destruir, aniquilando-as em suas transformações químicas e biológicas.

Desse modo, a morte é um portal de acesso a outra dimensão de onde a vida se originou, a fim de ser realizado um objetivo adrede estabelecido, que é o aperfeiçoamento intelecto-moral do Espírito, a busca da plenitude.

adrede: pré-estabelecido

Desagregam-se as partículas e se reorganizam, incessantemente, obedecendo a leis desconhecidas que lhes trabalham a essência dentro de uma programação clara e lógica denominada Vida.

Por que o ser humano deveria aniquilar-se, quando os fatos comprovam amiúde a sua sobrevivência?

amiúde: frequentemente

Para aqueles que somente veem o lado hedonista da existência, o ideal seria que a morte lhes significasse o término de todos os esforços e lutas, anulando-os no nada. Como, porém, o nada não existe, não passa de uma concepção existencialista sem qualquer fundamento científico...

hedonismo: que busca o prazer como único propósito de vida

Morte, portanto, é prosseguimento da vida.

*

A angústia provocada pela morte de um ser querido é compreensível e justa, em razão da ruptura dos liames da afetividade firmada na convivência, no contato físico, na estruturação do grupo social. Não poucas vezes, transforma-se em desalento, perda de sentido existencial daquele que fica no corpo, empurrando-o para os transtornos graves da depressão...

Nada obstante, cultivada a certeza do prosseguimento da vida, a saudade é substituída pela esperança do reencontro, das evocações felizes que devem preencher os espaços vazios e a ternura de todos os momentos ditosos transformando-se em estímulo para as ações dignificantes em memória daquele que viajou antecipadamente...

A morte é, portanto, um processo natural e abençoado, que encerra largos processos de sofrimento, de desvitalização, de perturbações emocionais e mentais, de enfermidades degenerativas e dolorosas, alargando os horizontes da vida em novos mecanismos antes adormecidos.

Vivendo-se em um Universo onde tudo se transforma em incessantes processos de energia vigorosa, o ser humano é o resultado da mais avançada tecnologia transcendental, elaborado por Deus e pelos Seus excelsos programadores da vida, a fim de que alcance o nível de luminosidade, em um retorno à Causa que o origina.

O essencial é se viver no corpo com todo o respeito pela sua organização e pelos mecanismos emocionais e mentais, *intelectualizando a matéria*, que se tornará menos densa e penosa no processo de evolução.

Todos os desafios e incertezas, dificuldades e problemas constituem instrumentos pedagógicos que promovem o progresso, ensejando o conhecimento libertador da ignorância, ao mesmo tempo facultando a edificação dos sentimentos superiores em direção a todas as criaturas.

Uma existência humana é grande investimento da Divindade que a elaborou, tendo por meta o seu crescimento moral e espiritual, na superação dos atavismos do comportamento inicial, para alcançar os patamares sublimes da perfeição relativa que lhe está destinada desde o começo.

---

atavismo: reaparecimento de certa característica no organismo depois de várias gerações de ausência

Os instintos, que são uma forma de *inteligência embrionária*, alcançarão o nível de sentimentos edificantes, deixando, à margem, as paixões primitivas e defensivas para permitir que o amor reine soberano em todos os seus pensamentos e atos.

Viver, pois, no corpo, não é apenas experienciar-lhe as sensações básicas e primárias, sobretudo é vivenciar os sublimes sentimentos da paz e da fraternidade que devem viger entre todos os seres humanos.

viger: valer

Tarefa ingente e inadiável essa, convocando todos os seres humanos ao esforço da transformação moral para melhor, em uma infatigável tarefa de autoiluminação.

Eis porque o Espiritismo propõe o sentido psicológico da existência terrestre, que pode ser reduzido a três fatores essenciais: o amor em todos os seus aspectos, o trabalho de dignificação pessoal e da sociedade e, por fim, a transformação de qualquer tragédia – mortes prematuras, processos de injustiça, doenças irreversíveis, dificuldades econômicas e acontecimentos infelizes – em triunfo pessoal no largo jornadear pelas sinuosas estradas físicas, como prescrevia o admirável psiquiatra austríaco Viktor Frankl.

jornadear: andar, caminhar

Desse modo, quando ocorre a morte, de maneira alguma será interrompido o processo de crescimento do Espírito, tornando-se um renascimento em outra dimensão, qual sucede com a reencarnação, que pode ser considerada como uma forma de *morte* no arcabouço material.

arcabouço: estrutura

*

Não te desesperes ante o falecimento de um ser querido, que parece haver-te abandonado...

Ele viajou de retorno ao Grande Lar, onde te aguarda com ternura e gratidão.

Se foste feliz ao seu lado, recorda-te de todos os momentos de júbilo e o envolve em evocações afetuosas e de gratidão. Nada obstante, se foi causa de muitos padecimentos, agradece a Deus a felicidade de haveres resgatado os teus débitos para com ele, e prossegue adiante firmado em valores positivos de homenagem à vida.

Tudo vibra tudo vive, e o ser humano jamais morre.

FIDELIDADE E TESTEMUNHOS

Quando os seres humanos atingem a maturidade psicológica, os seus atos caracterizam-se pelo equilíbrio, honra-dez e dignidade, confirmando o seu estado de evolução, que o diferencia do biótipo comum ainda transitando na infância do conhecimento de si mesmo.

Em razão disso, as tarefas a que se entregam são executadas de maneira consciente e responsável, merecendo a melhor atenção e esforço que lhe estejam ao alcance.

Tornam-se, desse modo, exemplos para os outros que seguem na retaguarda e que necessitam de modelos morais, a fim de encontrarem resistência para lutar contra as próprias e as dificuldades externas que lhes assinalam a marcha.

Todas as suas atitudes passam pelo crivo da razão e estão sempre vigilantes para se não enganarem, tampouco iludirem os demais.

crivo: análise, exame

São sinceros e amigos, não regateando esforços para manter os vínculos da afetividade onde se encontram, trabalhando e mantendo a lealdade aos princípios filosóficos, morais, religiosos, culturais que abraçam...

Sabem que uma existência reta impõe muitos sacrifícios, especialmente os de natureza moral e emocional, devendo sempre realizar o que devem e não apenas aquilo que lhes apraz, mantendo-se irretocáveis em todas as injunções.

injunção: imposição

Podem equivocar-se, e isso ocorre com alguma frequência, não se mantendo, porém, no erro e, ao se dar conta, procuram corrigir ou se recuperar da ocorrência infeliz.

Enquanto se está na Terra, todos se encontram sob as injunções da psicosfera ambiental, dos fatores do próprio passado, em atividade de crescimento interior. É natural, portanto, que se enganem e que estabeleçam ligações perigosas, que realizem atos não recomendáveis, mas logo que se apercebam dos mesmos, retomem as rédeas do comportamento saudável e recomecem do ponto em que se detiveram, refazendo a conduta e restaurando a paz interior que deve permanecer em qualquer situação.

psicosfera: atmosfera psíquica

Esses indivíduos têm facilidade em confessar os seus enganos, não os escamoteando como fazem os imaturos que mais se preocupam com a imagem que projetam – a *Persona* do que com a realidade que são – o *Self*.

escamotear: esconder

É sempre de bom alvitre que se tomem como modelos aqueles que se entregam aos deveres com equidade e belo proceder, ao invés de exumar os cadáveres morais daqueles que se aproveitam da existência, que se preocupam apenas com o acumular de haveres para si próprios e para

exumar: desenterrar

os que se lhes vinculam biologicamente, cujas existências evocam os pântanos exalando miasmas e decomposição...

miasma: energia densa gerada pelos seres humanos quando em desarmonia

Esses não merecem, sequer, a consideração dos comentários, deixando-os nos seus sepulcros que pintam por fora em alvinitente branco e internamente são todo podridão, conforme a imagem forte apresentada por Jesus e dirigida aos sacerdotes hipócritas, sempre preocupados com a aparência, com a forma e jamais com a essência.

Para que se possa viver com a coragem estoica de demonstrar nos atos o que se acredita interiormente, não faltam pedrouços e ameaças externas, conspirando contra os objetivos elevados que são defendidos pelas mulheres e pelos homens denominados de bem.

estoico: austero, firme

pedrouço: monte de pedras

*

Quando se encontram essas criaturas a serviço do amor, amontoam-se-lhes pelos caminhos por onde seguem os obstáculos e as perseguições gratuitas dos cômodos e dos insensatos, que gostariam que tudo girasse em torno das suas pequenezes morais e existenciais.

Os bons fazem muito *mal* aos maus, porque os desmascaram, demonstrando, pelos atos, que é possível bem viver-se, ao invés da preocupação de somente viver-se bem, acumulando coisas nenhumas e dando largas aos vícios e às paixões dissolutas.

Todo servidor do Bem tem conhecido esses tenazes inimigos do progresso, que mal disfarçam as suas intenções.

tenaz: persistente

Atrevem-se a enfrentar as pessoas corretas, atirando-lhes na face injúrias e impropérios, a fim de desequilibrá-las, como se possível fora impedir a claridade da luz usando-se uma peneira...

Os idealistas de toda procedência, os apóstolos e missionários da verdade, os cientistas e os pensadores nobres conheceram de perto a insânia dos inimigos naturais do progresso, dos adversários da honradez e do trabalho nobre.

Difamados, injuriados e agredidos, gastaram muita energia com a adversidade imposta por esses invejosos e pigmeus que, porém, não conseguiram demovê-los dos propósitos elevados que cultivavam e conseguiram realizar.

O Espiritismo hoje oferece as luzes do conhecimento libertador e as bênçãos do consolo a todos aqueles que sofrem, ensejando-lhes a recuperação da paz mediante a identificação das causas das suas aflições, que são sempre justas, porque efeito das ações ignóbeis que ficaram pelas vias de crescimento durante as experiências passadas...

ignóbil: sem nobreza, deprezível

Renascendo para se recuperar, o espírita sabe que deve investir todos os esforços saudáveis na autossuperação, no desenvolvimento dos valores espirituais adormecidos, na sublimação das tendências para o erro, nos impositivos defluentes das inclinações más que o acompanham desde priscas eras...

prisca: passada, anterior

Sendo sincero, deseja manter a fidelidade aos postulados espíritas, aquele que se encontra firmado na Codificação, vivendo, quanto possível, os ensinamentos exarados no Evangelho de Jesus, em *espírito e verdade*, de forma que consiga apaziguar-se, harmonizando-se com o pensamento do Mestre incomparável, que lhe serve de modelo incomum.

Quando assim procede, de imediato surgem os acusadores que se travestem de mil formas de comportamento, gerando complicações e discussões infrutíferas em torno de sua existência e dos seus feitos, enquanto se acomodam os acusadores na presunção de vigias da conduta alheia.

Sofrem o azedume e a zombaria dos parvos, e a deselegância comportamental dos competidores é malsinada pelos que lhes invejam as qualidades morais e, por isso, não podendo possuí-las, tentam diminuir-lhes o brilho...

É necessário ser fiel e pagar o preço pelo testemunho inevitável, quando, abraçando um ideal sublime, qual o comportamento espírita, for atacado pelos costumeiros fiscais da sociedade, que nada fazem em seu benefício, sempre criando embaraços para aqueles que se dedicam às realizações edificantes.

Além das críticas sórdidas, acusações injustas e inoportunas recheadas de calúnias bem-elaboradas são atiradas contra o bom trabalhador de Jesus, como se ele tivesse o dever de prestar satisfações a esses ociosos e inoperantes, ao invés de Àquele que o convidou.

parvo: ignorante, tolo

malsinado: desvirtuado

sórdido: condenável, infame

*

Nunca te detenhas ante a necessidade de testificar a qualidade dos teus sentimentos e a profunda afeição ao teu ideal espírita.

Perseguido, porém, jamais perseguidor ou autodefensor, prossegue sem perda de tempo, não valorizando as agressões, porque elas fazem parte da tua agenda de atividades.

Nunca olhes para trás, porque te apontam erros, mantendo a tua consciência de dever sem relutância nem justificações a amigos, a desconhecidos e a adversários da tua paz, porque o campo pertence ao Mestre, que te retirará dele quando Lhe aprouver. Enquanto isso não ocorrer, trabalha e trabalha, suando e chorando talvez, mas sorrindo com a incomparável alegria de Lhe ser fiel até o fim, como o foi o *Apóstolo dos gentios* e muitos outros que lhe seguiram o exemplo.

Um dia chegará que, aureolado de paz e alegria, despertarás além do corpo, encontrando o Senhor da Vinha de braços abertos aguardando por ti.

COMUNHÃO COM O MAIS ALÉM

Nos dias mais tumultuosos da atividade cristã, durante as perseguições iniciadas por Saulo e pelo Sinédrio, assim como aquelas desencadeadas mais tarde pelos imperadores romanos, a comunhão com o Mais Além constituiu o estímulo e fortalecimento da fé, para que os apóstolos e mártires pudessem enfrentar os inimigos comuns, dominados pela coragem e pelo arrebatamento espiritual.

As incomparáveis comunicações dos Espíritos com os trabalhadores da seara de Jesus vitalizavam-nos, oferecendo-lhes o divino pábulo para que não desfalecessem no turbilhão dos ódios desenfreados que lhes arrebatavam tudo, humilhando-os, afligindo-os e lhes roubando as vidas mediante a urdidura de planos nefandos.

A tirania farisaica era hábil em criar situações persecutórias, refinando sempre os métodos de antagonismo

pábulo: alimento

urdidura: intriga

persecutório: de perseguição

arenga:
ladainha

injunção:
imposição

através das infindáveis arengas com que envolviam a lei mosaica de tal forma que ninguém, tornado sua vítima, conseguia fugir às injunções cruéis que promovia.

 Dessa inesgotável e generosa fonte da imortalidade jorrava a água lustral e cristalina que dessedentava as vítimas e as sustentava antes e durante os testemunhos vigorosos.

bastonada: pancada

 Os métodos insanos das bastonadas e chibatadas, dos ferimentos nos lábios e na face, logo seguidos do apedrejamento até a morte, quando não era utilizada a cruz de vergonha e de supremo desprezo pela vida dos outros, sempre se caracterizavam pela absoluta ausência de compaixão, de misericórdia, de respeito, demonstrando a ferocidade mal disfarçada pelas vestes impecáveis e pela conduta de gestos medidos...

burlesco: de zombaria, escarnecedor

 Os romanos, por sua vez, eram específicos em punições perversas em que dilaceravam as vítimas ou as queimavam com o azeite fervente, com ferros em brasa, em combates com as feras, com os centuriões ou simplesmente os martirizavam nos espetáculos burlescos, disfarçados de teatro do horror, em que padeciam cruelmente na representação de irônicas peças mitológicas da tragédia ancestral...

 Infelizmente, o ser humano sempre descobre métodos bárbaros para afligir as demais criaturas, atingindo supremos níveis de bestialidade que é despertada de maneira rápida e por qualquer pequena faísca de ira que se converte em ódio.

 Surpreende a qualquer estudioso dos espetáculos circenses e das infames perseguições contra os discípulos de Jesus, a coragem com que enfrentavam o martírio, muitas vezes cantando, sem o menor rancor pelos seus insensíveis algozes, o que mais os exasperavam...

Essa força desconhecida provinha do Mestre amado e da certeza do valor das Suas promessas, bem como da presença dos Espíritos amigos e protetores que os assistiam, infundindo-lhes ânimo sempre novo e vitalidade desconhecida.

Quanto mais terríveis eram as tenazes com que tentavam silenciá-los, mais altivez e dignidade revestiam as vítimas das cruentas injunções.

Esses inexcedíveis amigos desencarnados rociavam com a sua ternura as ardências das dores acerbas, lenindo os sentimentos dos valorosos servidores transformados em réprobos, fazendo com que as suas existências fossem o testemunho ímpar da sua crença libertadora.

*

Em todas as épocas da Humanidade sempre foram ouvidas as vozes do Além-túmulo confirmando a sobrevivência da vida ao fenômeno desagregador da morte biológica.

Foram os imortais que comunicaram ao mundo físico a sobrevivência em inequívocos testemunhos de imortalidade.

Suas vozes claras e dignificantes ressoaram do túmulo convidando os demais seres humanos a reflexionar em torno dos seus ensinamentos, ora em forma de cantos

---

exasperar: encolerizar

tenaz: persistente

cruenta: crueldade

injunção: imposição

inexcedível: insuperável

rociar: orvalhar

acerbo: cruel

lenir: aplacar, suavizar

réprobo: banido, desprezado

de sublime beleza, noutros momentos de informações complexas e verdadeiras, mas também mediante os graves distúrbios obsessivos que esmagavam os deambulantes carnais.

Constituindo a população pulsante do Universo, os Espíritos, no Cristianismo, têm sido a força viva e atuante ao lado dos seus irmãos da retaguarda material deles necessitados.

Jesus dialogou com alguns, apresentassem-se na condição de vampirizadores das energias de suas vítimas ou vingadores das ofensas sofridas e não desculpadas ao largo do tempo, de igual maneira com o inesquecível legislador Moisés e o profeta Elias no memorável fenômeno da transfiguração, quando esses O reverenciaram...

Foram, no entanto, a Sua ressurreição gloriosa e a Sua convivência com os discípulos, após a morte na cruz, que assinalaram de maneira explícita e grandiosa o intercâmbio espiritual que o Espiritismo adota na vivência dos seus postulados, ensinados pelos próprios mentores e guias da sociedade.

Mediante esse intercâmbio de bênçãos reformulam-se conceitos existenciais, abrem-se espaços para a esperança e a certeza da continuidade do amor além dos limites orgânicos e para a felicidade sem jaça após o portal de cinza e de lama da sepultura.

Por isso, as células cristãs do Espiritismo sempre terão nas comunicações espirituais a fonte geradora de luz da imortalidade, para diminuir as sombras do caminho evolutivo, para a sustentação do ânimo dos seus membros, para o encorajamento ao trabalho, quando o desfalecimento ameace ou as perseguições, que prosseguem sob outros aspectos, atemorizem os corações menos fortalecidos.

Jamais faltam ao convívio com os imortais as claridades da sua sabedoria, a presença estimuladora, o doce encantamento de suas vozes sustentando as forças combalidas ou não dos transeuntes terrestres.

A caridade deles para com os seus irmãos reencarnados é imensa, estando sempre às ordens, testemunhando-lhes fidelidade e amor, a fim de que todos possam alcançar os altiplanos da espiritualidade em clima de festa de corações e arrebatamento das emoções superiores.

Por sua vez, sustentados pela mágica assistência desses anjos tutelares, os lidadores do Bem terão mais encantamento para seguir adiante, assinalando a sua passagem na Terra em sombras com as estrelas luminosas da sua bondade e da sua afeição a todos os seres, semeando esperança e alegria de viver, superando as angústias da morte e os desencantos da existência.

Desse modo, mantém-te atento às inspirações que procedem do Mais Além, deixando-te conduzir pelos formosos Benfeitores da Humanidade que trabalham ao teu lado em favor de um mundo melhor e de uma sociedade mais feliz.

Não fosse esse formidando auxílio e muito mais difícil seria o prosseguimento dos ideais superiores face aos enfrentamentos perversos da cultura imediatista e ateia que se vive na Terra.

formidando: extraordinário

ateu: descrente

*

Nos inolvidáveis dias do martirológio cristão, enquanto as lágrimas e as angústias dilaceravam as esperanças das vítimas, confundindo-se com a psicosfera pestilenta dos recintos infelizes, os angélicos amigos espirituais esparziam o zéfiro perfumado e aguardavam que as carnes despedaçadas libertassem-lhes os Espíritos, a fim de conduzi-los aos páramos celestiais, vitoriosos, após as refregas impostas pela evolução.

Seja em qual situação te encontres hoje, recorda Jesus, sempre amoroso, oferecendo-te apoio e bondade, ao mesmo tempo facultando que os Seus embaixadores rompam a cortina de matéria e entrem em contato contigo através dos fios invisíveis da inspiração e do apoio.

Segue adiante sem temor, porque o curso da vida não se encerra no túmulo, e além dele estua o amor vigilante e misericordioso.

---

inolvidável: inesquecível

psicosfera: atmosfera psíquica

esparzir: espalhar

zéfiro: brisa, bálsamo, consolo

páramo: campo

refrega: batalha, luta

estuar: vibrar, ressoar

SILÊNCIO MORAL

As abordagens humanas verbais devem sempre se caracterizar pela beleza da forma e profundidade do conteúdo, a fim de que a palavra oral seja sempre musical mensagem que desperte simpatia e amizade.

O verbo zurzido ruidosamente, além de agredir os ouvidos e, consequentemente, a emoção das pessoas, destoa de maneira agressiva da sua finalidade.

zurzido: pronunciado, produzido

Por muito se falar, pouco se é ouvido.

Quanto mais se alteiam as vozes, mais ruídos ampliam os sons produzindo bulha e mal-estar nas pessoas educadas e, portanto, sensíveis.

bulha: desavença, alvoroço

É muito útil poder falar-se no momento adequado, e especialmente silenciar-se quando as circunstâncias assim o exigirem.

Há desse modo, silêncios diferentes: aquele que é harmônico e reconfortante, pois que favorece a reflexão e mantém a paz, assim como aqueloutro que é a quietação da palavra, enquanto os sentimentos em fúria ou em aceitação imposta rebolcam-se no íntimo, enfermando quem assim se comporta.

> rebolcar: revolver

Nesse último, amplia-se a rebeldia, surgem os propósitos nefandos de vingança e de agressividade, ressumando angústias e protelando o desconforto emocional.

Crimes hediondos são urdidos nessa situação, como forma selvagem de desforço, pois que as paisagens do coração tornam-se refúgio dos monstros da fúria e do prazer de desagravamento.

> urdido: enredado, planejado
>
> desforço: desforra, vingança

O silêncio moral, que é resultado do equilíbrio e reflete as intenções superiores do indivíduo, consegue diluir as ofensas quando lhe são atiradas, ampliar os campos do Bem quando se tratam da ensementação de recursos enobrecedores, acalmar as ansiedades, retificar atitudes e elaborar programas de desenvolvimento espiritual.

> ensementação: semeadura

Nem sempre é fácil lográ-lo, porque a mente, como asseverava Buda, há mais de dois mil e quinhentos anos, é *semelhante a um macaco louco pulando de galho em galho*, sendo necessários a disciplina e o exercício contínuo para asseperná-la.

A partir dessa conquista, torna-se mais aprazível vivenciar-se a quietude ativa do pensamento, mediante o silêncio no tumulto do que intentar competir com a algazarra, a fim de impor as próprias ideias.

Há muito barulho perturbador nos relacionamentos humanos, cada pessoa mais desejosa de ser ouvida em relação à outra, impondo a sua palavra como desabafo das constrições penosas que experimenta, sem tempo mental para raciocinar. Fala-se, então, apenas por falar-se, dando lugar a grupos loquazes e vazios de conteúdo, que explodem com frequência em gargalhadas de zombaria ou de prazer, nas quais se apresentam mais esgares do que sorrisos promotores de saúde.

constrição: angústia, dificuldade

loquaz: eloquente, falador

O silêncio edificante faz muita falta no contexto da sociedade aturdida.

Observa os discutidores contumazes, e verás que sempre estão *do outro lado* de qualquer questão, a fim de dispor de recursos para as vexatórias acrimônias e acusações de que se fazem portadores.

contumaz: insistente

acrimônia: severidade, sarcasmo

Não têm interesse em esclarecer coisa alguma, somente o desejo de falar, de chamar atenção, de se opor.

São os faladores de ocasião, que se permitem a balbúrdia, a fim de fugirem de si mesmos, em cuja companhia detestam permanecer.

Evita-os no teu círculo de relacionamentos.

*

Mede-se, de alguma forma, a estrutura moral do indivíduo pela maneira como expressa as suas ideias dos silêncios que sabe reservar-se, quando se faz necessário.

Os palradores, invariavelmente, são conflitivos e atormentados, utilizando o verbo de maneira desnecessária para chamarem atenção para a sua prosápia e impertinência. Não possuindo valores reais que despertem o interesse dos demais se utilizam de forma atrevida da verbosidade para se destacarem, mesmo sabendo que essa atitude torna-os desagradáveis e censuráveis. Têm necessidade de valorização, embora lhe seja sempre negativa.

Encontra-os em toda parte, sempre dispostos a digladiar, aparentemente possuindo conhecimentos que, em realidade, não dispõem.

Alguns se apresentam sisudos, mas logo se tornam loquazes em simulacro de respeitabilidade, mantendo a palavra em forma agressiva.

O complexo de inferioridade que os atormenta, empurra-os para a postura de aparente superioridade em que se regozijam, discrepando dos demais, propondo soluções absurdas, dissertando em torno do que desconhecem com facilidade artificial.

Os portadores de silêncio moral são discretos e gentis, normalmente cedem a palavra aos demais, comunicando-se somente quando solicitados e de maneira agradável que a todos bem impressionam, deixando nos ouvintes um contributo valioso, decorrência de seus conhecimentos, de suas experiências ou de outros que merecem credibilidade.

Os grandes mestres da Humanidade falavam menos do que os intrujões e aventureiros, porque a sua mensagem era sempre simples e de fácil assimilação, enquanto que

---

palrador:
falador,
conversador,

prosápia:
fanfarrice,
prosa

loquaz:
eloquente,
falador

simulacro:
aparência,
jeito

intrujão:
embusteiro,
enganador

a mentira reveste-se de fantasiosa imaginação, exigindo complexidades dispensáveis à verdade.

Jesus, por exemplo, era sempre comedido no falar e pródigo no agir, ensinando sem palavras, sempre que as mesmas faziam-se desnecessárias.

pródigo: esbanjador

Quando convidado a se pronunciar, fazia-o de maneira cauta, usando imagens simples, como o fez em relação às parábolas, a fim de que não mais fossem olvidados os Seus ensinamentos.

cauta: atento, mensurado

olvidado: esquecido, abandonado

Falar com simplicidade é maneira de expressar evolução e profundidade de conhecimento.

O importante é se fazer entendido e não apenas brilhante na construção das frases.

Semelhante a uma tela, a grandeza da mesma revela-se em sua pintura e não na ornamentação da moldura.

A beleza do Planeta é a tela pintada pelo amor de Deus que a insculpe no infinito que lhe serve de molduragem.

Os tolos falam em demasia e os sábios silenciam quanto lhes é possível, sem a mudez desagradável dos ignorantes, daqueles que temem a palavra ou se negam a enunciá-la.

*

Aprende a fazer silêncio moral no teu périplo orgânico.

périplo: trajeto, percurso, jornada

Fala com emoção do que *está cheio o teu coração*, conforme a lição do Mestre de Nazaré.

Medindo os conceitos antes de exteriorizá-los tens o poder sobre eles, que logo desaparece ao serem verbalizados.

Tudo quanto digas torna-se parte da tua sementeira e tudo quanto silenciares transforma-se em contribuição valiosa para os momentos oportunos da ensementação.

Nem o silêncio constrangedor nem a parlapatice desagradável deve ser a tua atitude existencial.

Mantém o teu silêncio moral, e sempre que convocado à contribuição favorável aos demais em relação ao que tens, distribui-o em palavras sábias com todos aqueles que te buscarem.

---

ensementação: semeadura

parlapatice: falatório, fanfarrice

Beneficência e Promoção Humana

Sem a menor dúvida, foi Jesus o exemplo máximo da dignificação humana.

Israel mantinha nos arredores das suas cidades lugares especiais para os hansenianos e os denominados *imundos*, que eram proibidos de conviver com a sociedade considerada saudável.

Embora a rudeza do tratamento, era uma propositura inicial de compaixão e de defesa dos males que afligiam os mais infelizes, que eram deixados em total desvalimento.

Jesus iniciou o sublime serviço de caridade para com todos, especialmente com esses rejeitados e aqueloutros, os portadores das grandes enfermidades morais escondidas sob os tecidos custosos e as aparências enganosas.

propositura: proposta

Jamais selecionou quem quer que fosse, negando-lhe assistência carinhosa e socorro especial de acordo com a problemática de que se fizesse portador.

As Suas mãos misericordiosas arrancaram da cegueira, da paralisia, da mudez, da surdez, das obsessões constritoras todos quantos O buscaram, mas também da perversidade, do ódio, da avareza, da mesquinhez, da perversão moral, dos vícios e dissolução do caráter outro número não menor de pacientes que Lhe requisitaram a compaixão.

Onde quer que se apresentasse logo era solicitado ao auxílio fraternal libertador e ao serviço de iluminação de consciências, orientando os necessitados a não mais permanecerem no erro, de modo que nada pior lhes viesse a acontecer.

Com o Seu retorno ao seio generoso do Pai, Simão Pedro ergueu, em Sua memória, nos arredores de Jerusalém, na estrada que levava a Jope, o primeiro núcleo de socorro contínuo aos *filhos do calvário*, demonstrando que o Evangelho do reino era também o legado de amor vibrante a todos quantos se encontrassem sob as tenazes do sofrimento.

tenaz: persistente

Na *Casa do Caminho* havia acolhimento para todas as necessidades. Desde o pão aos esfaimados do corpo, em longas filas diárias, ao tratamento das mais estranhas enfermidades com o carinho e o devotamento que somente o amor consagrado ao ideal da solidariedade é capaz de realizar...

Simultaneamente, eram oferecidos os recursos espirituais em forma de grandiosas psicoterapias que arrancavam as causas das enfermidades de todo porte, prevenindo o enfermo quanto à recidiva da problemática que lhe cabia evitar.

Desse modo, a beneficência cristã iniciou a grande saga do auxílio fraternal a todos os indivíduos, sem qualquer preconceito em relação à sua origem, crença, comportamento, recurso, todos considerados irmãos em necessidades, filhos do mesmo Pai Altíssimo.

saga: conjunto de histórias, trajetória

Auxiliada, nos primeiros tempos, por Tiago e João, a construção modestíssima albergava com o mesmo carinho todos aqueles que tinham sede e fome de misericórdia e de amor.

À medida que foi aumentando o número dos aflitos, sempre em grande quantidade em todas as épocas, foi realizada a primeira aplicação técnica do serviço social, sendo selecionados sete membros da igreja primitiva para os labores imediatos, o atendimento das mazelas complexas, enquanto os primeiros servidores se dedicariam ao trabalho de iluminação espiritual.

Na suprema ignorância que se deriva da intolerância religiosa o Sinédrio, que reunia a opulência e o desvario dos rabinos, não entendendo a grandeza do Mestre, investiu várias vezes contra o seu santificado labor, tentando destruí-lo ou impedi-lo de funcionar dentro dos padrões da misericórdia e da compaixão.

desvario: delírio

*

> talante: vontade

Quando Paulo visitou a *Casa do Caminho*, em um dos períodos mais difíceis de sua manutenção, face ao imenso número de aflitos e os poucos recursos, o que a submetia ao talante do farisaísmo que lhe oferecia algumas migalhas, o *Apóstolo dos gentios* teve a extraordinária inspiração de elevá-la a Núcleo de promoção humana, sugerindo que os pacientes melhorados e aqueles que se curavam contribuísse com o seu esforço em favor da sua manutenção, aprendendo também a ajudar o seu próximo.

Ao mesmo tempo, propôs que fossem convocados servidores remunerados que pudessem desempenhar o papel de auxiliares, desse modo, dispondo de recursos para uma vida digna, enquanto outros ali trabalhando aprenderiam uma profissão relevante para a aquisição de melhor status social.

Visitando as igrejas que fundara anteriormente, o bravo servidor de Jesus passou a solicitar o auxílio de todas elas, em benefício da *Casa do Caminho*, ao mesmo tempo estimulando a criação de outros núcleos socorristas, em idênticos moldes aos aplicados em Jerusalém.

Quando hoje o serviço social promove o indivíduo, socorrendo-o e lhe oferecendo os meios de preservação dos valores de que necessita para uma vida honorável, as lições de bondade dos que se encarregam da promoção humana, infelizmente pouco aplicadas, devem ser mantidas, de forma que ninguém se sinta humilhado pela situação em que chega à instituição ou em que se encontra na sociedade.

Por aquela *Casa* passaram antigos políticos, que um dia foram poderosos, e mais tarde reduzidos à penúria, mulheres de alta situação anterior atiradas à mais dolorosa condição de miséria, como tem ocorrido em todas as épocas.

Isto porque a existência humana apresenta sinuosidades inesperadas e aqueles que hoje se encontram no poder, amanhã poderão ser jogados no charco e no abandono, da mesma forma que pessoas outras de alta postura econômica e social resvalam pelos abismos da decadência e da necessidade, tombando, anônimas, nos porões do sofrimento inenarrável.

charco: pântano, atoleiro

resvalar: enveredar

A beneficência é a mãe generosa da promoção do ser humano, haurida nos ensinamentos de Jesus e vivenciada pelos Seus servidores ao longo destes dois mil anos, dedicando-se alguns à educação, outros aos cuidados médicos, mais outros à velhice abandonada, às crianças em orfandade e, por fim, grande número ao alimento, ao vestuário, ao medicamento, à solidariedade da palavra gentil e fraternal...

Nunca faltará na Terra após Jesus, o concurso da Sua bondade convidando os Seus discípulos ao ministério do amor em ação, da alegria em ajudar e promover o seu irmão, forma superior de promover a si mesmo.

Quando o Mestre se instala em um coração, o primeiro movimento desse indivíduo, agora esclarecido, é o de auxiliar o seu próximo, por entender que o significado existencial mais poderoso é amar, servindo sempre e sem cessar.

Os tratadistas do serviço social e os da promoção humana, em suas cátedras onde elaboram os planos de eficiência psicológica e de aplicação racional, provavelmente

cátedra: cadeira, professoral

nunca desceram aos abismos da miséria em que mergulham os desvalidos para conviver com eles e compreender-lhes melhor as necessidades indescritíveis.

*

Se já ouviste o chamado de Jesus, não te <u>olvides</u> do irmão da retaguarda que te olha com expressão de profundo sofrimento, necessitando de tua bondade. Talvez esteja no lar, na posição de familiar rebelde ou maldoso, no local de trabalho como adversário <u>soez</u>, no grupo social como aflito-aflitante ou simplesmente nas <u>vascas</u> da agonia e da miséria de qualquer natureza, esperando a tua quota de amor.

Lembra-te de servir e de ajudar, não te preocupando muito com as técnicas, mas agindo de imediato, isto porque *a caridade quando é muito discutida, o socorro chega sempre atrasado.*

olvidar: esquecer, abandonar

soez: indigno

vasca: estertor

COERÊNCIA E AUSTERIDADE

austeridade: sobriedade

O teu compromisso com a imortalidade é portador de grave e alta responsabilidade.

Ele diz respeito ao teu futuro espiritual, em favor do qual deves investir os teus melhores recursos, por lhe considerar o sentido de elevada magnitude, em razão de sua perenidade.

Renasceste, na Terra, com a destinação luminosa, a fim de te libertar de toda e qualquer sombra que te vem impossibilitando o avanço em direção à plenitude e tem sido o fator determinante de os teus conflitos e dificuldades evolutivas.

Conhecedor que és dos conteúdos sublimes da fé racional que haures na Doutrina Espírita, já não te podes permitir o luxo enfermiço da ignorância nem as justificativas infantis em torno das impossibilidades que te cabem ultrapassar, com naturalidade e entusiasmo.

A luz que te norteia os novos caminhos é bênção a que vens fazendo jus pelos esforços contínuos de libertação das mazelas que te têm acompanhado ao largo do tempo.

Não mais te detenhas nos comportamentos infelizes, aqueles que proporcionam prazeres mórbidos, mais intoxicam a mente e pervertem os sentimentos, agrilhoando-te às masmorras do atraso moral.

És filho de Deus, que te ama, havendo-te concedido a honra de Lhe conhecer o Embaixador incomparável, que se ofereceu em sacrifício espontâneo, a fim de que pudesses fruir da vida, dessa vida que proporciona abundância.

Antes, embora sentisses a necessidade de crescer interiormente, de fruir paz, de te encantar com todos os contributos com que a Natureza te felicita, encontravas-te dependente dos instintos básicos que nutriam as paixões primárias, impedindo-te a experiência das emoções elevadas.

Com Jesus aprisionado nas torpes celas do dogmatismo e da perversidade, das superstições e fórmulas sacramentais, cuidando dos poderosos e olvidando-se *dos pobres de espírito,* seguias hipnotizado pela ilusão das compensações concedidas pelo arrependimento antes da morte, aguardando um céu de ociosidade e contemplação eterna, ou receando o terrível inferno onde não vigem a misericórdia nem a compaixão.

Desorientado, talvez, pela impropriedade de tais conceituações, abraçaste o materialismo imediatista e frustrante, buscando ignorar o sentido nobre da vida, procurando fruir tudo quanto o momento podia oferecer, permanecendo, no entanto, interiormente vazio de significado e desestimulado para a luta de renovação.

Nesse momento significativo, porém, encontraste Jesus descrucificado pelo Espiritismo, o companheiro dos desafortunados e dos vencidos, dos tristes e dos oprimidos, dos que choram sem conforto nem esperança, dos viandantes sem roteiro que, de braços abertos a todos alberga no Seu generoso coração de Mestre irretocável.

Ouvindo-Lhe dos lábios sensíveis a melodia imperecível do *Sermão da montanha*, renasceram na tua alma as esperanças, renovaram-se os teus propósitos de trabalho, e renasceste para a vida, e agora, fascinado pelo Seu exemplo de amor, tentas seguir-Lhe as luminosas pegadas pelos ínvios caminhos da atualidade aflita...

ínvio: inalcansável, difícil

Não vaciles, nem te permitas a paralisação da tua marcha.

Avança resoluto, e conquista o tempo, recuperando aquele malbaratado na insensatez e na desorientação.

malbaratado: consumido

*

O teu compromisso com Jesus é formal, e se trata de um contrato sério para todos os teus dias atuais e futuros.

A Sua doutrina é feita de energia e de vida, não havendo lugar, nos seus postulados, para a indecisão, a amargura, o arrependimento da dedicação, as negociações ilícitas muito do agrado da frivolidade humana.

ilícita: ilegítima

Aceitaste-Lhe a companhia e a diretriz, havendo-te prometido fidelidade e coerência existencial em relação aos Seus ensinamentos.

A coerência te facultará a austeridade na conduta mental, verbal e comportamental, não anuindo aos vícios que predominam nos grupos sociais e aos quais eras afeiçoado, mudando de atitude com energia e demonstrando que já não pertences mais aos círculos dos comportamentos vãos e atormentados.

A transformação moral que te deves impor inicia-se por meio dos novos hábitos mentais edificantes, deixando, à margem, aqueles que te intoxicavam e produziam tormentos de vária ordem.

As paisagens psíquicas a que te afeiçoaste estarão sempre enriquecidas de quadros cambiantes de beleza enriquecedora que te falam de amor e de mansidão, de alegria e de trabalho, de esforço regenerativo e de aprendizagem.

Quando alguém sai de uma furna onde se homiziava demoradamente, sofre a *cegueira* produzida pela feérica e abundante luz. Faz-se necessário absorvê-la cuidadosamente, adaptando-lhe a vista e acomodando-se ao deslumbramento que os olhos enfrentam e se tornará o novo mundo de observação.

É natural, portanto, que ao se sair das densas trevas da ignorância do Bem e do abismo em sombras dos torpes comportamentos, a nova paisagem produza um choque inicial, fascinando, a pouco e pouco, o observador que a descobre.

---

austeridade: sobriedade

anuir: permitir

cambiante: nuance

furna: poço

homiziar: abrigar, esconder, tomar acento

feérico: esplêndido

torpe: desprezível

Cultivando a saúde emocional, o candidato à ascensão não tergiversa, não sendo gentil para com os outros por meio da defecção da própria crença, mas, delicadamente declinando das contribuições perturbadoras e se mantendo íntegro, em grande fidelidade a tudo aquilo que hoje faz parte da sua decisão para manter o comportamento iluminativo.

tergiversar: desviar, evadir

defecção: falta

A sua grande preocupação deve cingir-se ao combate às imperfeições que ainda o atraem aos hábitos que reconhece doentios e de que se deseja libertar, não facultando espaços para os devaneios inquietadores a que se encontrava acostumado.

Uma agenda de preocupações novas, mais com o interior do que com o exterior da existência, toma-lhe os campos da mente e se enriquece, cada vez mais, ao constatar a grandeza da existência que lhe passava despercebida, porque sempre estava entulhada pelo lixo das coisas irrelevantes.

Automaticamente, modifica-se-lhe a área da saúde e do bem-estar, respirando melhor o oxigênio da esperança e da alegria real, modificando-se, significativamente, e de tal forma que se surpreende ante os acontecimentos que passam a suceder no seu caminho.

Sem dúvida, é necessária a coerência entre em que se crê e como se comporta, facultando austeridade dinâmica e não agressiva em relação a tudo e a todos.

austeridade: sobriedade

*

Essa coerência, sempre a mantiveram os primeiros discípulos de Jesus, alguns dos quais abraçaram o martírio, jubilosos, cantando as glórias do Céu com olvido dos tormentos da Terra.

Poderiam ter abjurado, porque lhes era concedido esse direito, sob a justificativa de que, ficando no corpo, poderiam servir mais, trabalhar mais pela divulgação do pensamento de Jesus, no entanto, sabiam que, nessa conduta, ocultava-se o medo do testemunho, de provar a imortalidade e a mansidão do Rabi.

Era exatamente essa coragem estoica e doce que surpreendia os perseguidores que mais se encolerizavam, temendo-lhe o sublime contágio...

Como hoje não mais existem as perseguições declaradas, públicas e legais, tem em mente que as arenas são muito mais amplas e perigosas, porque se iniciam nas fronteiras do sentimento pessoal, alargando-se em direção ao mundo inteiro.

Mantém-te vigilante, portanto, coerente e austero, na tua vivência com Jesus.

---

olvido: esquecimento, abandono

estoico: austero, firme

REI SOLAR

$\mathcal{A}$pós a trágica morte de Júlio César, assassinado na escadaria do Senado em Roma, nos *idos de março de 44 a.C.*, por Brutus e os inimigos que lhe tramaram a ocorrência nefasta, o segundo triunvirato constituído por Marco Antônio, Otávio e Lépido, embora as inimizades que vigiam entre os mesmos, predispôs-se a equilibrar as forças do Império sacudidas pelas agressões contínuas que irrompiam de todo lado...

Depois do triunfo de Otávio sobre Marco Antônio e Cleópatra no Egito, o vitorioso retornou à capital imperial coroado de glórias e assumindo a governança na condição de novo César, como imperador.

Anteriormente, Lépido fora mandado ao exílio distante de Roma, a fim de que não oferecesse qualquer perigo em relação à coroa...

Otávio, utilizando-se do amor à pátria e dos recursos provenientes do seu caráter severo e da sua moral austera, lentamente alterou as diretrizes até então vigentes, estimulando as artes, os esportes, a arquitetura e as leis de justiça, facultando um período inabitual de paz na grandiosa potência que dominava quase três quartas partes do mundo conhecido...

Tantas glórias eram motivo de surpresa, considerando-se a belicosidade então dominante no mundo. Entretanto, essa ocorrência derivava-se da aproximação de sublimes hostes espirituais que se acercavam do Planeta, modificando-lhe a psicosfera, a fim de preparar o momento em que Jesus, o Rei Solar, mergulharia em suas sombras para alterar por definitivo a História da Humanidade.

Os carros de guerra e as legiões de soldados voluptuosos e sanguissedentos cederam lugar aos instrumentos de construção da paz e de amanho ao solo, propiciando um período diferente em relação a todos os anteriores repletos de beligerância e de crueldade.

O berço de Jesus tornou-se o divisor dos tempos, inaugurando especial cultura e singular civilização que deveriam trocar os instrumentos de escravidão e de morte pelos recursos de inefável bem.

Ficariam para trás, na memória dos lamentáveis fastos da História, as batalhas hediondas, as carnificinas brutais, as destruições de aldeias, povoados e cidades vencidos, assim como os seus habitantes infelizes...

Surgia um período de paz, que ficaria assinalado pelo amor e pela dedicação ao próximo, seguido pelo holocausto

---

psicosfera: atmosfera psíquica

voluptuoso: desregrado, licencioso

sanguissedento: sanguinário

das vítimas que se entregariam felizes em favor da instalação da Nova Era.

Porque ainda, no entanto, predominassem os instintos de violência e de primitivismo na sociedade, depois de Ele ter implantado as bases de um novo tempo distante do poder mentiroso de César e da força bruta das legiões, ressurgiram os algozes da sociedade, dando prosseguimento às trágicas façanhas da destruição, do crime e do horror até quando o cansaço dos réprobos e o seu sofrimento reclamarem pela paz e pela renovação espiritual...

réprobo: banido, desprezado

É o que ocorre nestes tormentosos dias da sociedade...

Dois mil anos da sementeira de Jesus se passaram e ainda é escassa a colheita de bênçãos.

*

Nunca mais, porém, desde aqueles momentosos dias em que Ele desceu à Terra na condição de Rei Solar, o desconhecimento da Verdade vigeu nos corações e nas mentes.

viger: valer

A incomparável sinfonia das bem-aventuranças assinalou o ápice da Sua presença, alterando por definitivo os códigos vigentes então, embora ainda hoje não vivenciados quanto fosse de se esperar.

Os atos por Ele praticados e as incomparáveis parábolas por Ele narradas, nas quais vestiu o seu luminoso pensamento, tornaram-se culminantes na historiografia do

Planeta terrestre, como o mais grandioso legado capaz de libertar os seres humanos das tormentosas paixões nas quais estorcega.

Sua sublime compaixão e Sua ímpar capacidade de perdão tornaram-se os mais eficazes processos psicoterapêuticos para curar as enfermidades morais e espirituais que dilaceram as criaturas e as degradam...

Jesus é o marco vigoroso de um novo começo.

Nunca antes ou depois dEle algo havia sucedido ou se dará igual: a glória do bem fazer!

Ainda há muito pranto no mundo e se multiplicam as ocorrências e as ameaças de hórridos crimes e de infortúnios de fora como do íntimo dos seres humanos. Nada obstante, as soluções já se encontram ao alcance de todos quantos anelam pela paz e pela plenitude.

hórrido: assustador

anelar: desejar, aspirar

Jesus é o Roteiro de segurança, único, aliás, que se pode seguir sem vacilações.

Toda a Sua vida, Seus exemplos, Seus testemunhos de amor demonstram-Lhe a grandeza de excelente Filho de Deus, que nos veio ensinar a viver em alegria, construindo a felicidade mediante o dever retamente cumprido e a vivência do amor sem jaça.

jaça: sem mácula, defeito

A Sua voz alcança a *acústica* de todos os corações que se detenham a ouvi-lO.

Voz alguma que se lhe equipare!

*

Diante da atual paisagem humana assinalada pelo desar e pelo vazio existencial, pela violência e pelo mergulho no paul das paixões dissolventes, a evocação do nascimento de Jesus modifica a psicosfera morbífica dominante no momento, e as *vozes dos Céus* novamente cantam os hinos de louvor e de gratidão a Deus pela presença de Jesus no mundo.

desar: desventura, infortúnio

paul: pântano

psicosfera: atmosfera psíquica

Não te permitas contagiar pela fulguração ostensiva das festas mundanas, que não têm nenhum compromisso com a Sua vida.

Procura evocá-lO, recordando-te de Suas lições incomparáveis de beleza e de sabedoria, enriquecendo-te os sentimentos que se transformarão em sublime musicalidade de ação em hinos de amor e de caridade, conforme Ele os viveu.

Diminui a balbúrdia e a ansiedade que tomam conta das criaturas nos dias que precedem à evocação de o Seu berço humilde na gruta de Belém, vivenciando a paz e a alegria de conhecê-lO, de poderes levá-lO às demais pessoas que não compreendem o Seu ministério.

Celebra o Seu Natal com paz no coração e programações de bondade nas tuas atividades.

Aproveita as doces vibrações que dominam a Terra e faze-te súdito dedicado do Rei Solar, cooperando com Ele na instalação definitiva da era de paz e de fraternidade porque todos anelam.

anelar: desejar, aspirar

Fim!

ÍNDICE ANALÍTICO

A

acerbo 89, 171
acrimônia 45, 177
acúleo 154
adrede 159
afoito 56
aleivoso 59
amarfanhar 91
amiúde 148, 159
anelado 157
anelar 18, 50, 81, 84, 85, 88, 90, 113, 135, 139, 196, 197
anelo 68, 72, 83, 153
anfractuosidade 148
anseio 55, 65, 66, 73, 84, 86, 117, 134, 152
anuência 17
anuir 190
aparvalhante 96
apupar 138
arcabouço 123, 161

arenga 170
arraial 40
asco 141
assacar 58
assecla 75
asselvajado 107
assolar 123
atavismo 46, 152, 160
ateísmo 113
ateu 173
áulico 72
austeridade 5, 91, 187, 190, 191
austero 55
azáfama 33, 38, 103
aziaga 70
azorrague 130

B

bafio pestilencial 54
bastonada 170
benemerência 51

borra 75
brocado 69
bulha 175
burlesco 170

C

camartelo 97, 129, 148
cambiante 190
cardo 91
cátedra 185
cauto 179
charco 153, 185
chulo 35
cizânia 61
clava 131
comedimento 8
compare 59
conivir 55
conjuntivite tracomatosa 17
constrição 177
constritor 71
consumpção 117
contumaz 61, 177
crivo 163
cruenta 171
crueza 61
culminar 68, 84

D

deambulante 172
defecção 191
defluente 23
deletério 133
desaire 117, 128
desar 42, 140, 155, 197
descoroçoar 93
deserção 9
desforço 176
deslindar 131
desvairado 86, 116, 134, 137
desvario 110, 116, 142, 183
disjunção 23

E

egotismo 124
empanar 92
encômio 25
enfado 52
engodo 73, 111
enregelado 101
ensementação 176, 180
entenebrecer 111, 116, 141
envidado 153
epopeia 14
equanimidade 131
escamotear 164

escarpa 147
esdrúxulo 40, 118
esparzir 174
espectro 08
estertorar 53, 97
estiolar 14
estoicismo 04, 103, 107, 158
estoico 105, 108, 165, 192
estorcegar 58, 66, 71
estrôncio 126
estrugir 111
estuar 174
eutanásia 8
evolver 124
exacerbado 124
exasperar 171
excruciar 131
exorbitante 16, 43
exornar 91
exprobrar 45
exumar 164

F

faina 116
falácia 15
fastio 14
feérico 190
ferrete 130
ferreteado 141
formidando 173
furna 41, 190

G

grilheta 47

H

hedonismo 73, 77, 159
hinário 93
hodierno 39, 117, 121
holocausto 132
homiziar 111, 190
hórrido 196

I

ignóbil 98, 110, 136, 166
ignominioso 96
ilícita 189
imolado 53
indene 48, 112, 136
inefável 75
inexcedível 138, 158, 171
ínfimo 17
infrene 38
injunção 24, 46, 62, 148, 164, 170, 171
inolvidável 174

insigne 11
interregno 37
intimorato 16, 130
intrincado 11
intrujão 178
ínvio 189
iracundo 60
irrisão 73

J

jaça 172, 196
jactar 24, 55
jaez 107
jornadear 67, 161
jugulado 46
juncado 91

L

láurea 25
lenir 129, 171
letes 29
lídimo 49
lisura 60
locupletar 98, 154
lograr 50
loquaz 177, 178
louçã 158

M

malbaratado 189
malogrado 120
malsinado 167
malsinar 58
mancomunação 18
matroca 118
merovíngio 105
mesológico 122
miasma 65, 69, 165
mitose 134
módico 28
mórbido 111, 188
morbo 74, 105
municiar-se 54

N

nefário 47
nefasto 43
nobilitante 54

O

obnubilar 62
obstar 100
olvidado 179
olvidar 26, 28, 67, 186
olvido: 41, 192

opróbrio 46

ortodoxia 79

P

pábulo 169

palrador 178

pandemia 07

paradoxal 80, 98

páramo 174

parlapatice 180

parvo 167

patético 109

paul 197

pecha 16, 89

pedrouço 25, 154, 165

peleja 151

penso 138

périplo 118, 139, 158, 179

persecutório 169

pestífero 74

porfiar 32, 93, 129

pós 132

precatar 72

prisca 166

pródigo 124, 179

propositura 181

prosápia 178

proscênio 127

psicosfera 111, 164, 174, 194, 197

pusilânime 47

R

rebolcar 176

recambiado 127

rechaçar 119

recôndito 49

referto 106

refrega 38, 174

réprobo 171, 195

ressaibo 73

ressumar 146

resvalar 185

retificar 148

revel 58

rociar 171

S

saga 14, 183

sanguissedento 194

sanha 44, 59

servilismo 81

simonia 28
simulacro 178
soez 08, 47, 87, 186
sórdido 167
soturno 73

T

talante 72, 184
tenacidade 90
tenaz 165, 171, 182
tergiversar 63, 191
tipificar 67
títere 44
tonsura 16
torpe 188, 190

U

urdido 176
urdidura 48, 169
utopia 15

V

vacuidade 25
vadear 29
vasca 186

veleidade 113
veraz 55
verdugo 72
vergastar 104
viandante 157
viço 104
viger 11, 85, 161, 188, 195
voluptuoso 112, 194
voragem 53
voraz 95

Z

zéfiro 174
zurzido 175

Joanna de Ângelis

Mentora espiritual de Divaldo Franco, é autora de importantes obras mediúnicas que abordam temas existenciais, filosóficos, religiosos, psicológicos e transcendentais, objetivando a autoiluminação do indivíduo.

Além de se tornarem *best-seller*, suas obras alcançaram grande reconhecimento entre religiosos, espiritualistas, psicólogos, parapsicólogos e demais estudiosos do comportamento. Sua escrita é bela e profunda, expressão pura do amor evangélico e ensinamento prático para se alcançar alegria, paz e crescimento interior.

No plano espiritual, planejou a construção da Mansão do Caminho, alusão à Casa do Caminho dos primeiros cristãos.

Destacam-se dentre suas reencarnações anteriores: Joana de Cusa (uma das mulheres que acompanharam Jesus durante a Crucificação), Juana Inés de la Cruz (1651-1695), mexicana, sóror, pseudônimo da ilustre letrada Juana Inés de Asbaje Y Ramírez de Santillana e Joana Angélica de Jesus (1761-1822), baiana, sóror e depois abadessa que protagonizou doloroso drama no processo de Independência da Bahia.

Joanna de Ângelis há séculos dedica-se a iluminar seus irmãos de humanidade.

Divaldo Pereira Franco

Eminente educador de almas, é um dos mais respeitados oradores e médiuns da atualidade. Recebeu mais de 600 homenagens de instituições culturais, sociais, religiosas, políticas e governamentais.

Extraordinário autor mediúnico, com mais de 220 livros (mais de 10 milhões de exemplares vendidos) concedeu integralmente os direitos autorais de sua obra para instituições filantrópicas, notadamente à Mansão do Caminho.

Fiel mensageiro da palavra do Cristo, mantém intensa atividade de divulgação do evangelho, superando a marca de 13 mil conferências em mais de 2 mil cidades de 64 países nos 5 continentes.

Fundou em 1952, junto com Nilson de Souza Pereira e Joanna de Ângelis (Espírito), a Mansão do Caminho na cidade de Salvador, honorável entidade educacional e assistencial que atende a milhares de pessoas carentes, incluindo 3 mil crianças e jovens diariamente. Em suas atividades de desenvolvimento do ser, adotou mais de 600 filhos que já lhe deram mais de 200 netos e bisnetos.

Divaldo Franco faz de sua vida um autêntico evangelho da paz e do amor.

ebm editora

DIREITOS DE EDIÇÃO
Copyright©
EBM EDITORA
Rua Doutor Albuquerque Lins, 152
Centro - Santo André - SP
CEP: 09010-010

CONTATO COMERCIAL
(11) 3186-9766
ebm@ebmeditora.com.br
www.ebmeditora.com.br

facebook.com/ebmeditora

Dados Internacionais de Catalogação na Publicação (CIP)
(Câmara Brasileira do Livro, SP, Brasil)

```
Ângelis, Joanna de (Espírito)
   Liberta-te do mal / Joanna de Ângelis ;
[psicografado por] Divaldo Pereira Franco. --
2. ed. -- Santo André, SP : EBM Editora, 2019.

   ISBN 978-65-80674-00-8 (capa dura)

   1. Espiritismo 2. Obras psicografadas 3. Reflexões
I. Franco, Divaldo Pereira. II. Título.

19-27524                                    CDD-133.93
```

Índices para catálogo sistemático:

1. Reflexões psicografadas : Espiritismo 133.93

Maria Paula C. Riyuzo - Bibliotecária - CRB-8/7639

FSC MISTO
Papel produzido a partir de fontes responsáveis
www.fsc.org FSC® C011188

A marca FSC® é a garantia de que a madeira utilizada na fabricação do papel deste livro provém de florestas que foram gerenciadas de maneira ambientalmente correta, socialmente justa e economicamente viável, além de outras fontes de origem controlada.

TÍTULO
Liberta-te do mal

AUTORIA
Divaldo Pereira Franco
Joanna de Ângelis

EDITORA
Liberdade & Consciência
EBM Editora

EDIÇÃO
2ª Edição

ISBN
978-65-80674-00-8

PÁGINAS
208

EDITOR
Manu Mira Rama

COEDITOR
Miguel de Jesus Sardano

CONSELHO EDITORIAL
Alex Sandro Pereira
Terezinha Santa de Jesus Sardano
Tiago Minoru Kamei
Vergilio Cordioli Filho

EQUIPE EDITORIAL
Aline Tavares
Camila J. Mendes
Rogério Rinaldi
Silvia Figueira
Suelen I.R. Silva

CAPA
equipe de criação da
Liberdade & Consciência

IMAGEM JOANNA DE ÂNGELIS
Cláudio Urpia

REVISÃO
Rosemarie Giudilli

DIAGRAMAÇÃO
Tiago Minoru Kamei

PAPEL MIOLO
miolo: Polen Bold 70 gr/m²
guarda: OffSet 150 gr/m²

CORES MIOLO
miolo: 2x2 - preto e pantone 021U
guarda: 1x1 - escala pantone 021U

MEDIDA MIOLO
15,5 X 22,5 cm

MEDIDA CAPA
16 X 23 cm

ACABAMENTO CAPA
4x0 cores
capa dura
laminação BOPP fosco
verniz UV reserva

TIPOGRAFIA TEXTO PRINCIPAL
Adobe Garamond Pro 13/16

TIPOGRAFIA TÍTULOS
Qardoos Personal Use

MARGENS
25:25:20:30 mm
(superior:inferior:interna:externa)

GRÁFICA
Santa Marta

TIRAGEM
4.000 exemplares

TIRAGEM ACUMULADA
38.000 exemplates

PRODUÇÃO INICIAL
dezembro de 2011

PRODUÇÃO ATUAL
agosto de 2019

*O amor que se faz
apaga o mal que se fez.*

Divaldo Pereira Franco